日韓「異文化交流」ウォッチング

石坂浩一【編】

社会評論社

まえがき

二〇〇一年二月一日、ソウルで韓国映画「2009　ロスト・メモリーズ」が封切になった。二〇〇九年にいたっても韓国が日本の植民地だったという想定で作られたアクション映画である。その謎解きは、遠からぬ日本での公開までお預けにしなければならないが、やはり感じさせられたのは、歴史を記憶することの大切さだった。植民地化ということは、支配される側にとってとても不幸なことだが、支配する側にとっても不幸である。主人公の西郷（仲村トオル）は「朝鮮系日本人」である親友の坂本（チャン・ドンゴン）に向かって「俺はお前のことを朝鮮人だなんて思ったこと、一度もないよ」という無邪気な言葉を口にする。もうここで、相手のことをありのままに認識できない不幸が生まれている。ともあれ、日本人と韓国人の間の亀裂をこのような個人レベルで表現する作品が日韓合作で作られたということは、示唆するところが少なくない。

二〇〇一年の日韓関係は歴史教科書問題で大きくゆれた。しかし、韓国国民が、日本人の中に歴史を真摯に認識し反省しようとする人たちがいるのだということを考え、その良心に期待するという姿勢を示してくれたことは、大きな意義があった。まだ、日本が二一世紀をアジアと協調していけるかどうか、心もとないとはいえ、日本の状況は日韓条約が結ばれた一九六五年当時と比べれば大きく変わった。日韓関係はこれまでも歴史をきちんと見つめようとする者たちによって前進させられてきたが、これからはいっそう信頼を深めていくことが求められる。

韓国人はいつも反日であるという俗説はもうお蔵入りになっていいころだ。また、いつも調子を合わせてくれる人が友人だという日本の一部にある幼稚な考え方からも脱却する必要があろう。韓国は、ポスト冷戦の時代にあたって今や中国を含めたアジアとの関係を真剣に構築しようとしている。日本をいつも怒っているほど暇ではなくなったというべきではないだろうか。よいことをよいといい、よくないことをよくないといえる友人になれるよう相互に努力しなければなるまい。

と、大きなことをいってきたが、実は本書を作った理由は簡単だ。かつて、韓国に関心を持つ日本人が少なかったが、近年次第に双方向の関係ができつつある。そのことを、もう一度確認し、韓国人が日本とのパートナーシップを模索しようとしていることを伝えたかったのだ。すでに、いろいろな分野で日韓の共同作業が進み、それを信頼関係にまで高めようとする人びとの努力も実りつつある。二〇〇〇年ごろからとかく内向きになりがちだった日本が、より開かれた姿勢になり、アジアの人たちとともに平和な時代を切り開いていけるようになるためには、まず韓国、そして北朝鮮との友好関係つくりが求められよう。お互いに異なるものが互いを高めあい、ともに発展していこうという願いを持っている者たちが集まり、この本を作った。多くの日韓の人々の励ましになれれば幸いである。

末尾ながら、本書に協力してくださった韓国の李富栄さんをはじめとしたみなさんへ感謝します。また、編集にあたってくださった社会評論社の新孝一さん、ありがとうございました。

二〇〇二年二月

編者　石坂浩一

日韓「異文化交流」ウォッチング●目次

I・新世紀韓国人の日本観

▲…韓国の友人とツーショット

安定した統一コリアが日本にとって大切では

李富栄

（聞き手・石坂浩一）

◆野党・ハンナラ党のリーダーに聞く

李富栄《イブヨン》という名前は一九八〇年代の韓国民主化闘争に関心のある人なら忘れられないことだろう。東亜日報の記者を七五年に言論民主化運動のために解雇され、八〇年代には韓国を代表する民主化運動のリーダーとなり、八九年全国民主民衆運動連合（全民連）の初代議長を務めた。今、彼は韓国の野党ながら第一党であるハンナラ党の副総裁として政治の場で活躍している。一九四二年生まれの李富栄さんは、さまざまな傾向の政治家を網羅したハンナラ党でも進歩的な議員のリーダーの役割をしており、全体として保守的な傾向の強い韓国政界の中でなくてはならない存在、そして次の時期の韓国政治を担うべき人である（その後、三月に不充分な党改革を批判し副総裁を辞任した）。

二一世紀の日韓関係を見通していく上で、韓国人は二〇世紀をどのように歩み、これからどのような方向に向かうのか、その中で韓国人の日本に対する見方はどのようなものか、私たちも是非知りたいところだ。本書のトップとして、まず李富栄さんからその歩みの中での日本観、そして韓国の二一世紀構想を語っていただいた。

韓国語の童謡も忘れられていた時代に育った

——一九四二年生まれとお聞きしていますが、解放(八・一五)のときのことは記憶におありですか?

李 一九四五年の解放の時、数えで五歳ですから、まだ人に会ってもそれが日本人か、韓国人かもわからない幼いころでした。私が覚えているのは、近所の女の子たちがゴムとびをしたり日本式の遊びをしていたのを見たことです。また、一九四六、七年になってもこどもたちが遊ぶのに日本語の歌を歌っていました。周りの人が日本の軍歌を歌うのも聞きました。少年航空隊のうた、「ヒコーキ、ヒコーキ」とかいう。そんなものがまだ記憶に残っています。ですから、韓国は韓国語の童謡さえ忘れられていた時期だったのです。私が生まれたころは、創氏改名をさせて、女性たちを「挺身隊」と称して連れて行ったり、労働をさせるため強制連行をしたりした時代でした。私が幼いころ母が歌って聞かせてくれた歌がひとつ記憶に残っているのですが、それはあとで考えてみると「挺身隊」として連れて行かれた女性たちを思って歌われたものなんですね。

——どんな歌詞ですか。

李 「去年行ってしまったお姉さんはいつ戻ってくるのだろうか」という歌詞で、母はそれを切々と歌ったものです。

――では、具体的に被害を受けたという話をご両親から聞いたりされましたか。

李　韓国人の家では祭祀をするのをご存知ですね。金属でできたロウソクを立てる台、匙、箸、お椀などが欠かせないのですが、兵器にするといって戦時中に供出させられたために、そうした食器がすべて木でできたものしかありませんでした。私はまだ幼かったので食器というのはもともと木でできているものとばかり思っていたのです。また、私より上の男の子たちは戦時下で勉強などせずに、軍事訓練をしたり山に松やにを取りに行かされたといいます。松やにを油をとるといって集めさせたのです。食糧も戦時下ではコメを供出させられたので一般庶民はコメはいっそう口にしにくくなり中国から輸入された雑穀を食べました。私の幼いころにも食糧事情はあまり改善されていなくて豆かすを食べていたのを覚えています。

李さんは自分の家族の体験は語られなかったが、このように語ることで、単に問題が個人が体験したかどうかではなく、民族全体の受難、苦痛の問題であることを言いたかったのだろう。

――一九五〇年に朝鮮戦争が起こるわけですが、それ以前のことで何か思い出深いことはありますか。

李　私は一九四九年に国民学校、つまり小学校に入りました。徳寿国民学校という小学校でそのすぐ脇が今の三星江北病院（京郷新聞社の向かい側）、かつては高麗病院でしたが、私の小学生当時はそのあたりに白凡金九《ペクポムキムグ》先生の事務所がありました。当時、たくさん政治的事件が起こった時期ですが、私がまだ一年生の四九年六月二九日に金九先生が暗殺されて、その葬儀を見ました。ソウル市庁から光化門をへて孝昌公園へ向かう長い行列が続き、路祭という街頭での追悼行事をしていたのですね。慶尚道からも全羅道からもたくさんの人々がソウルまでやってきて、声をあげて嘆き悲しんでいるのです。もちろん、当時は子どもですから、何もわからなかったんですよ、ただ列について歩いて見物しているだけで。でも、そのありさまだけは深く印象に残っています。本当に国民から愛される指導者というのは、このように惜しまれるのだという事実の象徴だったのですね。後で大学に通い『白凡逸志』を読み、勉強をして四月革命を体験し、社会生活を経る中でその意味を悟りました。

金九は韓国独立運動のリーダーのひとりであり上海臨時政府のトップをつとめたこともある。一九四八年当時、南北に別々の政府ができるのを憂慮し政治家として活動したが、政敵により翌年暗殺されてしまった。彼の自伝『白凡逸志』は邦訳され平凡社の東洋文庫に入っている。

友の死によって専攻を変える

——一九六〇年代の日韓会談が行われていた当時、大学生でいらっしゃったわけですが、そのころのことはどのようにご記憶でしょうか。

李　一九五〇年代の李承晩《イスンマン》政権は日本との国交正常化交渉をしてはいたのですが、反日と反共をうまく利用して自分たちの政治の失敗をカモフラージュするような政治手法をとっていました。その後、四・一九革命を経て六一年に五・一六クーデターが起こると、今度は朴正熙《パクチョンヒ》政権が日本との国交正常化を強力に推進することになります。あのころ、米国はベトナム戦争への介入の本格化にともない、東北アジアの安定のため日韓に国交回復を急がせたのでした。それが、国交交渉が日本に有利な形で拙速の決着を見た要因です。当時は、軍人たちまでも政府の対日政策に反対していましたが、いちばん強力に闘ったのは、やはり学生たちでした。六五年に日韓国交正常化とともにベトナム派兵が始まったのは偶然ではありません。いわば、私たちの運動はアジア諸国で起こっていた民族主義運動のひとつだったと考えていいと思います。

――記憶に残っているのはどんなことでしょうか。特に、ソウル大学は六四年の反対闘争をはじめ運動が激しかったといいますが。

李　みんなでハンストをしデモをし、私はただ後ろのほうについて一緒にしていただけです。

――その後、大学を卒業されて東亜日報の記者になられるのですが、マスコミで働くことは学生時代から考えていらしたのですか。

李　私はもともと高校のときは理系だったんです。工科大学（工学部）機械工学科に進んで農機械の研究をし、韓国の農民が少しでもつらい労働から解放されるように貢献しようと思っていました。当時は韓国の人口の大部分は農民ですし、若い人の間では、ロシアの農村啓蒙小説、写実主義小説のようなものがたくさん読まれていました、トルストイとか。私の家も、永登浦《ヨンドゥンポ》で農業を営んでいましたし。そんな純粋な考えでいたのですが、四・一九のときに友だちが銃に撃たれて死んだのです。機械を作っているだけじゃダメだ、政治を変えていかなくちゃ、いったい政治とはなんだろうか、そう考えて文理大学の政治学科に志望を変えました。そうしてソウル大の政治学科に入ったところ、高校で学生会長を務めたような、リーダーシップもあるし演説もうまい学生たちがたくさんここに集まっていたのです。この仲間たちは、みんな六・三闘争（六四年の日韓条約反対闘争）のときに学生運動の指導者になりました。それに比べて私は消極的だししゃべるのもうまくない、人前に出ると胸がどきどきしてしまって、とても私のようなものには政治はできないな、と思ったものです。

――その当時は、ということですね。（笑）

李　ですから、私は言論人になって、政治家になる友人たちを支えていこう、それによって一緒に私たちの理想を実現していこうと思っていました。それが、マスコミで働くようになった理由です。

李さんの話は半分は謙遜、半分は本当というところだろうか。ソウル大の学生会で李さんもともに運動を担っていたのは事実。また、職責がトップでなかったのも事実である。

日本の言論人との出会い

――東亜日報に入社されてからは、日本にかかわる仕事はなさいましたか。

李　私が一九七一、二年ごろ文化部で仕事をしましたが、米国のベトナム撤収に象徴されるニクソンドクトリンの登場や、米中のピンポン外交から国交樹立など、安保問題が非常に深刻な問題となった時期でした。一方東西ドイツでは基本条約が結ばれ、中ソの対立は継続、激化する。その過程で、日本は朝鮮半島に影響力を行使しなければならないという声が高まり、安保セミナーが行われる。軍事交流と称して自衛隊の幕僚長が韓国を訪問する。そうした状況に憂慮を募らせていました。また、当時の朴正煕政権は日本政府との癒着ということが常に問題にされていました。少しさかのぼりますが、亡くなった自民党の大野伴睦という政治家は朴大統領と「親子の間柄だ」と称していたほどでしたし、自民連の金鍾泌《キムジョンピル》総裁は初代のKCIA（韓国中央情報部）の長官を務め、日本の大平正芳外相との間にいわゆる「金─大平メモ」を取り交わし、裏で政治資金をもらったと噂されていました。そうした悪いイメージが続く中で日本の軍関係者が韓国を訪問したのですから、緊張感を持ってもおかしくはなかったでしょう。

一九七四年以降、韓国では民青学連事件などを契機に民主化闘争が盛り上がっていく。その過程で、心あるジャーナリストたちも、政権の意のままになっていてはいけないという反省から、東亜日報や朝鮮日報において事実の報道を行い、政権による抑圧、報道への介入を拒否しようとする闘いをはじめた。何かあれば、すぐに中央情報部に連行され拷問を受けた時代のことである。とりわけ、東亜日報の闘いは韓国人の希望の象徴となったが、政府が経営者を圧迫したために七五年には東亜日報から三五人の記者が解雇された。李富栄さんもそのうちのひとりだった。

――その後、東亜日報の自由言論実践運動の中で七五年に解雇されるわけですね。

李　はい。ついこの間も日本へ行って、あの時にソウル特派員として働いていて、友人になった日本の記者たちと会いました。七〇年代の自由の制限された時代に、日本の言論人たちは日本政府とはちがってとてもリベラルで、私たちの気持ちを理解してくれる人たちでした。それまでは、韓国人は日本から植民地支配を受けた経験ゆえに日本を見る目に偏見があったように思います。しかし、このときの出会いを通して日本人には開かれた心をもった世界市民というべき立派な人たちがいることを知り、日本社会の多様性に気づいたのです。

その後、さらに日本を知るようになって、日本の学者・ジャーナリスト・知識人たちは実は日本の大衆との意識のギャップが大きいことがわかりました。これはとても残念なことだと思います。例えば、日本の新聞の論調は進歩的なものであっても選挙の結果をみるといつも自民党が勝つ。そうやって自民党の長期政権というものが続いたわけですが、この結果を考えれば、ジャーナリストや知識人の良

心的な考え方は日本の中では少数なんだなといわざるをえないと思います。政界においても、財界においても、はたまた学界でも、大多数の国民を引っ張っているのは保守勢力ではありませんか。

その後、在野での民主化闘争を担う中心的役割を果たした李さんは、民主化措置以降の政治状況をにらんでこれからは議会の中に入り政治を変えていかなければならないと考え、仲間たちとともに国会を目指すことにした。ソウルの江南《カンナム》から出馬し当選したのは一九九二年のことだった。

日本はひとことで規定しがたい多様な国

――国会活動では、日本にかかわるような課題があったでしょうか。

李　私が最初に所属したのが外交統一委員会だったことから、当然日本との関係を考える機会は多かったですし、その後も継続的に「従軍慰安婦」問題や強制連行者の戦後補償要求にかかわりましたから常に日本の対応には注視してきたといえます。特に第一四代国会（九二～九六年）においては私が金鍾泌氏に対して金―大平メモの真相を明らかにせよと迫ったので、彼は国会に登院しにくくなって常任委員会には顔を出せなくなった時もありました。また私は、日本の政治家の中でしっかりした歴史認識をもっている政治家たちと交流をするようかなり努力してきたつもりです。日本の衆参両院の人たちとたくさん出会い、その考え方を知るようになりました。

――どんな印象をもたれましたか。

李　私は日韓の将来を悲観してはいません。なぜなら、今回の「新しい歴史教科書をつくる会」の動きにしても実際にあの教科書が採択されたところはほとんどなかったじゃないですか。それを考えると、やっぱり日本の教師や親の世代に良識を持った人たちがたくさんいるんだなと思います。そのことを確認しつつも、日本の議員たちは、少なからぬ一般の有権者の保守的傾向に抗してでも自分たちの信念を貫けるだろうかという点が危惧されます。次の選挙で落ちるのではないかという心配をしてしまいますからね。自民党の議員の場合は、党の保守的な方針に反対しきれないため、いくら良い考えを持っていてもやはりそれを貫けないのではないか。私は、民主党の鳩山由紀夫氏や菅直人氏、社民党の土井たか子党首のような方たちをよく知っています。この方たちが次の選挙では靖国や教科書の問題をしっかりと公約に掲げなくてはいけないと思います。

――日本は九〇年代以降、右傾化していると周辺諸国からの憂慮のまなざしを受けてきたのですが、どのようにみられますか。

李　私は、日本というのはひとことで性格を規定するのが難しい国だと感じています。日本は保守化した、右傾化したとひとつのカテゴリーに押し込めて考えるには、あまりにも多様で大きな国になったということです。単にお金持ちで大きな国ということではなく、思想的にも幅のある国という意味で。だから、いくら日本が右傾化したといってもこれを一部の政治家が、戦前のかつてのような方向に導くのはそんなに簡単なことなのか、という気がします。ただし、日本経済の不安が長期化し中間層、中産層が窮乏化して経済的な行き詰まりを感じるようなことがあれば右傾化、ファシズムの危険というのもありうるかもしれません。決してそうならないことを願っています。

西洋へのあこがれが中韓への侮蔑になったのでは?

——日本は経済的には世界で最高水準といわれますが、EUのような地域的な協力の枠組みを作り出す役割を果たせずにいます。東アジアの平和を確立していくために単に日韓だけでなくその他、中国・北朝鮮・台湾をふくめた構想を持つべきではないかと思うのですが、いかがでしょうか。

李 私がこれまで話してきたことが、まさしくその問題ですよ。歴史的に見て、日本は徳川の時代までは、中国の文字や文物を取り入れ、また朝鮮の文物を取り入れてきたのではありませんか。認めたくないという人がいるかもしれませんが、日本は東洋の文化圏の辺境だったわけです。どんな文化圏でも辺境は中央にあこがれるのが普通です。文化的欲求として中央にあこがれるのは当たり前なのですが、日本と中国・韓国の関係においてはそれが侵略という形をもって現れました。辺境による侵略や略奪というものはしばしば現れる現象です。

ところが、明治維新以降、日本は文化の中心を東洋から西洋に変えたのです。それ以前からオランダとの接触を通じて西洋に進んだ文明があるということを知り始め、文明の中心の転換を準備していたようにも思われます。明治以降はまさに西洋に留学生を送りながら、中国・朝鮮へは侮蔑的な態度をとるようになります。これを象徴するのがほかならぬ福沢諭吉の「脱亜論」ではないでしょうか。近代の日本は欧米列強と同じ方法でアジアと向き合ったということです。それがアジアへの侵略となり、結局日本は戦争に敗れました。しかし、今でも、日本では西洋に対するあこがれが、西洋への攻撃としてではなく、中国・朝鮮への優越感として現れているといえませんか。特に韓国に対する優越感ははなはだしいものがあります。知識人は、朝鮮が日本にとって文化の伝授者であることをよく知っているのに、近代にいたって日本が優越した地位に立ったので、近代の日本のあり方を肯定しようとすれば、それ以前にあったことを否定しなくてはならない立場になってしまうというジレンマがあります。ここに自己矛盾が生じるわけですね。そのために、日本の国粋主義的な考え方の人びとは絶えず前近代の歴史を「日本が優越していた」とごまかす必要に迫られることになるわけです。だが、歴史の事実としてあるものをどうやって書き換えることができるというのでしょうか。

たとえ日本の役割が大きいとしても、アジアで日本だけがG7に参加しているということが国民へ「自分たちだけが優れている」といった幻想を与える要因になってはいないでしょうか。アジアで日本だけが優れていると日本人が思っているとすれば、それはかえって日本人の孤立化を招くことになるでしょう。日本が今の位置からどこかへ引っ越すことができない限り、歴史をゆがめ戦犯をたたえ日本だけが優れていると考えることは日本人自身にとってプラスにならないと思います。いつまでこのようにしてやっていけるのでしょうか。

統一コリアは交流・物流・交通の中心に

――日本と韓国の望ましい進路はどのようなものでしょうか。

李 これからの若い人たちはヨーロッパや米国だけでなくアジアとの善隣関係を築いていかなければならないでしょう。果たして、日本にとって朝鮮半島とはどんな存在なのか。日本の国粋主義者たちは、朝鮮半島が日本に向けられた刃物だと考えているようです。私たち朝鮮半島の立場から日本を考える時こうした発想はとても不可解です。なぜなら、朝鮮半島は古来、日本に対して被害を及ぼしたことがないからです。蒙古が日本を攻撃するのに高麗に協力させたということはありましたが、それ以前も以後も、朝鮮半島は常に日本へ与える立場だったのではありませんか。朝鮮半島自身が刃物と考えられるような理由がないのです。なぜ、理由もなしにそんなに私たちを敵視するのか、本当に理解ができません。もちろん、日本人がすべてそんな考えをもっているとは考えません。一部の右翼的な人たちのことを申し上げているのです。そうした人たちは、絶えず朝鮮半島を「敵」としたがります。なぜなのでしょうか。

私は、「反日」はすべきでないし、してはならないと考えます。これから統一されたコリアは、日本に対しても中国に対してもロシアに対しても、さらに米国に対しても、近すぎず遠すぎず、べったりせず敵対せず、よい関係を維持する。そうしたあり方が求められるのではないでしょうか。特に、日本に対してがそうです。日本に近づきすぎると中国やロシアが警戒し、その逆に中国に近すぎると日本が不安になるでしょう。統一されたコリアはこれから、朝鮮半島が平和だから日本も中国もロシアも平和を享受できるという位置を占めていくことが大切です。私たちは、中国とも不幸な歴史を経験していますし、国際政治の中で民族分断も経験しました。武力を強化し強大国になるというのは、私たちにとって望ましい選択ではありません。日本は統一コリアを警戒する必要はないのです。

将来的には、統一コリアは日本にも中国にもロシアにも利益になるように努め、国際交流、交通、物流の中心地帯としての地位を固めていくのが望ましいと思っています。日本は朝鮮半島の現状維持、分断固定化を望んでいるように見えます。南北が互いに反目し競争するのが日本にとって安心だと思っているかのようです。でもそうではありません。安定した統一コリアが日本にとっても大切だということを再認識してほしいと思います。

――貴重なお話をありがとうございました。

日本のこともっと知りたい！

（聞き手・阿部純加）

◆韓国の高校生は語る

イメージだけで全てを語ってはいけません。現実を見る確かな目が必要なのです。今後、よりよい日韓関係を築いていく一人になる可能性のある彼ら……。来年から日本の大学への入学を希望している男子高生と、美容勉強のために日本に渡る女子高生に聞いてみました。

＊

日韓共催ワールドカップを目前に、歴史教科書問題により、日韓の一部の交流が一時中断されるという胸の痛い出来事があり、靖国神社参拝問題でも日韓関係が悪化したように見えた。その一方で、お互いに親善を図ろうと文化交流も以前より盛んに行われ始め、韓国人の若手歌手が日本でも活動を開始、韓国人と日本人の共演ドラマ、日本のタレントが韓国を舞台に活動するテレビプロジェクトなどなど、明らかに日韓の間に暖かい風が吹き始めた。

日本文化の開放により、日本についての情報が増え、今まで以上に隣国に興味を持つ若者が増えてきていると思われる韓国。音楽、映画、マンガなど、流行を鋭く察知し吸収するであろう高校生……彼らは今、日本という隣国をどう捉えているのか。
新しいものを求めて動き出した彼らの感情と、古くから受け継がれてきた日本への固定観念、その個人と社会の狭間で揺れ動く彼らの本音は？

シン・ヒョンドクくん（景福高等学校三年）

「悪い」日本から「良い」日本へ

——日本という存在について初めて知ったのはいつですか？

シン　小学校五年生……いや、六年生の時です。ワールドカップをすることに決まった時でしょうか……。

——どのようにして知ったのですか？

シン　韓国と日本とのサッカー競技を見て知ったり、友だちから聞いたり、それから……X－JAPANでも知りましたね。

——そういった情報はニュースで？

シン　そうですね。あと、小学校の頃はパソコン通信などで情報を集めていたと思いますが、実際その頃は、日本という国についてはあまり知ることができなかったように思います。本当はニュースや雑誌にもたくさん出ていたのかもしれないんですが、当時は自分も幼くてたいした関心も持っていなかったので……むしろ日本に対して良くない感情の方が大きかったですね。周りからいろいろ聞きましたから……。

——ご両親や親戚の方々からどんな話を聞きましたか？

シン 日本の植民地時代についての話をたくさん聞きました。良い話は聞いたことがなく、悪い話ばかりですね。

——具体的には？

シン 当時、日本人たちがたくさんの韓国人を意味なく殺した話を聞きました。当時の状況や感情を親、親戚、学校から教わり、隣国としての〝友人である〟というような話は一切聞くことができず、日本は悪い奴だと……許してはならないと……。

——初めてそのような話を聞いた時は、日本についてどう感じましたか？

シン その時は日本について良く知らなかったので、大人たちの言葉をそのまま信じ、日本という国は悪い国だ！　と思い、日本について悪口を言ったこともありました。子供は大人の言うことが絶対だと思ってるじゃないですか。だから僕も当然のように悪い目で日本という国を見ていましたね。もちろん今はそういう風には感じませんよ、全然。

——ご家族の中で、植民地時代に直接被害を被られた方はいらっしゃいますか？

シン そういう話は聞いたことがありません、全然。ただ、日本人たちが理由なく韓国人を虐殺した

話や、女性に対してよくないことをたくさんした……というような話をたくさん聞いただけです。

——小学校、中学校、高校の授業で、先生からは日本についてどんな話を聞きましたか？

シン　良い話はほとんどなく、家族から聞いてきたような、植民地時代の話が多かったですね。最近は歴史教科書問題の話や漁業協定問題もあったので、さらに悪い見方をした授業をしていました。小学校の時には特に、授業の間に少しずつ少しずつ、話をたくさん聞いてきました。教科書にそって日本人が韓国人を虐殺した話や、韓国人が持っているものを奪い取った話、文化財を壊した話などを聞きました。写真もたくさん見ましたよ。

——そういったことによって日本へのイメージに影響があったと思いますか？

シン　当時は良いことよりも、そういった悪い話ばかりを聞いていたので、日本という国は本当に悪い！　と考え、イメージは最悪でした、正直。

友だちの多くもそう考えていましたよ。

――その考えはいつ変わりましたか？

シン　高校の時……いや、中学校三年生の時ですね。日本語を勉強し始めたので……。

――なぜ日本語を？

シン　中学校一年生の時に旅行で日本に行ったことがあるんですけど、実際に行ってみてイメージが大きく変わったんです。それまでは日本という国は悪いと思い込んでいましたが、全てにおいて、そんなに悪い国ではないと……そう考えが変わったんです。それを機に、日本について関心が湧きはじめて、将来日本に行って住むことが夢にまでなりました。中学校三年生の冬休みに一人で、ひらがなや基本単語を勉強してみたのですが、一人でやっていくには限界があったので、高校入学後、第二外国語として日本語を選択しました。その時から今までずっと勉強しているんですよ。今は日本語学院でも勉強しています。

日本語の勉強がすごく面白いんです！　日本語と韓国語は文法的に似ているので、他の言語……例えば英語やフランス語より学びやすいというのも一つの理由ですけど（笑）。

インターネットは情報王国

――日本の情報はどうやって入手しているんですか？

シン　インターネットで検索したり、日本に関心のある友だちから話を聞いたり、「かけはし」に行って日本人や韓国人とたくさん話をしたりしてですね。キョボ文庫やヨンプン文庫（共にソウルの大書店）には日本の新聞や雑誌、小説なんかがたくさんあるので……ちょっと高いですけどね（笑）。日本に関心があるので自然と情報は集まってくるもんですよ。「日本」と聞けば耳も大きくなりますしね（笑）。

「かけはし」とは、日韓交流を目指し、日本人と韓国人がともに語らい情報交換のできる喫茶店である。地下鉄新村《シンチョン》駅から徒歩五分。日本の雑誌や漫画が数多く並んでおり、言語交換（？）をする人もよく見かける。そこでは毎週土曜日に定期的な集会が開かれ、日韓交流が盛んになされている。シンくんも毎回そこで情報交換し、日本語の能力を磨いている。（日韓交流カフェ「かけはし」ホームページhttp://www.kakehashi.net）

――やはり日本の情報がもっと身近にあったら……と感じますか？

シン　当然でしょう。もっと簡単に、もっと安く！（笑）

――特にどんな点に関心を持っているのですか？

シン　日本のサッカーや音楽、芸能人、食べ物です。それから日本語です。日本については何でも知っていたいですね。

――芸能人の中で好きな人はいますか？

シン　モーニング娘。で……特に後藤真希、「ごまき」です。かわいい……。

そういうとシンくんは、モーニング娘。のメンバーの名前を全て挙げ、得意顔。胸のポケットから自分の学生証を取り出すと、大事そうに開いて見せた。写真の隣には後藤真希の写真が貼られている……。

――(笑)……モーニング娘。の歌はよく聴くでしょう?

シン モーニング娘。はもちろんよく聴きます。でも他の歌手も聴きますよ。ラファエル、ラルク、ドリーム、ムーブなどもなかなか良いですよ。リズムも歌詞も……そしてみんなかわいいし、かっこいいですね。最近は韓国の音楽よりも日本の音楽を聴くことが多いので、韓国のヒットチャートはよく分かりません(笑)。

――そういう情報もやはりインターネットで?

シン はい。韓国人が日本人歌手のファンクラブや同好会を作っていて、そこでよく情報交換をしています。歌や写真の情報交換はもちろん、誰がどのくらいかわいいか……なんて話で盛り上がったり(笑)。韓国ではまだ日本文化を直接的に入手しづらいので、インターネットっていう自由世界で自分の知りたいことが思いのまま手に入るというのは良いですね。僕もモーニング娘。のファンクラブホームページを作ってるんですよ。

――日本の芸能人と韓国の芸能人はどこが違うのでしょう?

シン 韓国の芸能人は日本の芸能人の真似ばかりして、自分たちで歌を作り出すとか、独特のファッションを生み出すとか、そういうことに独創性があまりなく、日本の歌をカバーしたり、リズムを真似て発表したりしていると思います。くちパクもとても多いのであまり良くないですね。好きじゃないです。日本人はくちパクをせずに歌を歌いながらダンスもするし、他人の歌をそっくり真似て発表したりはしないでしょう。

――でも、韓国人歌手の中にも歌いながらダンスをする人もいるでしょう?

シン　いるけど……少ないですよ、一部です。しかもくちパクですから。金魚みたいに口をパクパクさせて……そういうのは良くないでしょう。僕は嫌いですね。

――日本の芸能人の方が好きですか?

シン　はい!　もちろんです!

――では、食べ物はどうでしょう?　最近日本食代表としてトンカツやうどんを売るお店が増えてきていますが、好きな食べ物はありますか?

シン　寿司や刺し身です。もちろんトンカツも大好きです。日本食が好きな人は多いですよ。イタリアンだとか、そういうお店よりははるかに多いんじゃないかな。

固定的なイメージの中で

――周りのお友だちは日本をどう思っているのでしょう？

シン　何人かの友人は確かに良くないイメージを持っています。日本製品を使っていながらも、とても悪いイメージを持っている友人もいます。でもまた何人かは良い国だと考えているようですが……割と僕の周りには良い国だと考えている人が多いようで……それはやっぱり僕が好きだからでしょうね、日本が。僕から友人に日本の情報を伝えることが多いので、良くないイメージだった友人も考えが変わる場合もあるんですよ。

――良いイメージを持っているお友だちはどうしてそう考えているのでしょう？

シン　やはり音楽や食べ物などの日本文化の影響もあると思いますが、韓国が昔、悪いことをされたという事実はあるけれども、今はそれとは関係なく、良い評価をすべきだと考えているようです。昔のことにばかりこだわっていたら前進できませんから。

――悪いイメージを持っているお友だちはどうでしょう？

シン　日本の植民地時代の出来事もそうですし、歴史教科書問題、靖国神社参拝問題などもイメージを悪くしている原因だと思います。彼らの感情は詳しくはわかりませんが、簡単にイメージは変えられないようです。いまだに日本人を呼ぶ時に「チョッパリ」という人も多いです。いったん植え付けられたイメージは簡単に覆せないし、自分からは接触していかないので、悪循環になっているんだと思います。

――あなたのご家族の日本についてのイメージは？

シン　良いイメージもなく、悪いイメージもなく……普通ですね。

――来年から日本に行くことをご家族はどうお考えですか？

シン　日本へ行くことは両親と一緒に決めたことなので……。両親は行くからには、一生懸命勉強しなさいと、学べるものは全て学んできなさいと言っています。

――反対はありませんでしたか？

シン　一切ありませんでした。親戚も、学べることが多いので、韓国にずっといるより、より多くのことを学べる国に行ってきた方が良いと……賛成してくれています。

開放的な日本、閉鎖的な韓国

――韓国人と日本人の似ている点は何だと思いますか？

シン　同じアジア人だから顔が似ているということでしょう……（笑）。今まではいろいろありましたが、日本ほど親しく付き合える国はないと思ってますよ、僕は。ただ、韓国と日本は行動や考え方では少し違っていると思います。そこに差がありすぎると近づきにくいのかもしれないですけど……僕は、日本は開放的で、韓国は閉鎖的だと思ってます。

――特にどんなことに日本は開放的だと感じますか？

シン　何事にもそう感じます。音楽やファッション……性についてもそう感じます。それはプラスでもあるんですが、やっぱりマイナスの部分も相当大きいと……。

――最近の日本の若者は性について開放的だと良く耳にしますが、ここ韓国でも最近はそうではないのですか？

シン　日本ほど開放的ではないと思います、確実に。閉鎖的だと思っています。一方日本ではあらゆる情報があふれてるじゃないですか。性だけに限らず、音楽やファッションも開放的で、多種多様で面白いのですが、それが問題になることも考えられるので、ほどほどが良いと思います。韓国の大人たち、特に日本について良くない見方をしている大人たちは、韓国の若者が日本の歌を好きだったり、日本のファッションを真似ていると、彼らを変だと考える人も少なくありません。やはり悪いイメージを持った大人はまだまだ多いようです。

――日本に行ったら何について学びたいですか？

シン　日本の文化や、日本人の考え方について学びたいです。伝統文化や最新文化、これから日本がどう変わっていくのかに興味があります。

――これから日本と韓国の関係はどうなると思いますか？

シン　今はまだ少し間柄がしっくりしないのですが、時間が経つにつれて、近い将来、お互いなくてはならない存在になると思うんです。昔のことは忘れて、新しい関係を築き、お互いに再出発するだろうと思います。韓国自体ももちろん力はありますが、さらに力のある日本と協力すれば、もっと前進できるでしょう。真似ではなくて、学習をすべきです。日本の持つ開放的な部分をうまく吸収して、韓国も賢く開放的になるべきだと……。

――そのような関係になるにはどうすれば良いでしょう？

シン　そうですね……まず日本には、過去に犯した過ちを再び起こさず、人情をもって韓国と接することを望みます。あ、韓国もそうですね。それから韓国は、昔のイメージばかりにとらわれすぎずに、現在、または未来の日本を見て、お互いに向かい合っていくと良いと思っています。絶対そうすべきなんですよ！　僕も協力します！（笑）

チョン・ヒョヨンさん（ウィレイ情報産業高等学校三年）

教育と感情の差

――日本について関心を持つようになったのはいつですか？

チョン　中学一年生の時、雑誌やテレビや新聞を通して好意的な興味を持つようになりました。

――ご家族の方からは日本についてどのような話を聞いていますか？

チョン　祖母からは、日帝時代の侵略被害の話を聞いています。当時は日本語を使わなければならず、韓国語を使ったら連行されたり、暴力をふるわれたということで、これは父方、母方両方の祖母が直接経験したことだそうです。また、「慰安婦」のことも聞いたのですが、祖母の友人がその経験があるということです……。

――学校教育の中では日本についてどのように教わりましたか？

チョン　先生からは日本に行ったら面白いことも多く、学ぶところも多く、日本は良い所だと聞きました。先生方は悪い点よりも良い点を多く話して下さって、とても楽しい授業でした。歴史的なことに関しては、国史の授業では、日本に関するあまり良くない事件について、詳しく話を聞いたこともありますが、日本語の授業では一切そういう話はありません。興味を持ってやっている人に、わざわざマイナスな話は普通しないですもんね。

――ご家族や先生方のお話によって、日本へのイメージに何か影響はありましたか？

チョン　昔実際にそういうことがあった……という事実は認識しなければなりませんが、今は、特に私たち一〇代の場合には、あらゆる場面で日本が発展していると思っていますし、授業中に教わったことや人から聞いたことによって、日本のイメージが悪くなるようなことはあまりないのではないでしょうか。たぶんお年寄りの中には、日本への悪いイメージが根強く残っている方が多いと思いますけど……世代の違いは確実にありますね。

それからイメージと現実とは切り離さなくてはならないと思うんです。昔は昔、今は今、昔にばかりこだわっていたら今みたいな世の中は成り立っていないと思いますよ。

――周囲のお友だちは日本に対してどうですか？

チョン　私の周りには、日本のファッションデザインを参考に勉強している友人や、日本料理を勉強している友人がいます。日本の寿司やたこ焼きなど、日本の伝統的料理に関心がある子が多いですね。ファッション、メイクも人気がありますし、アニメーションも人気です。私は美容について勉強した

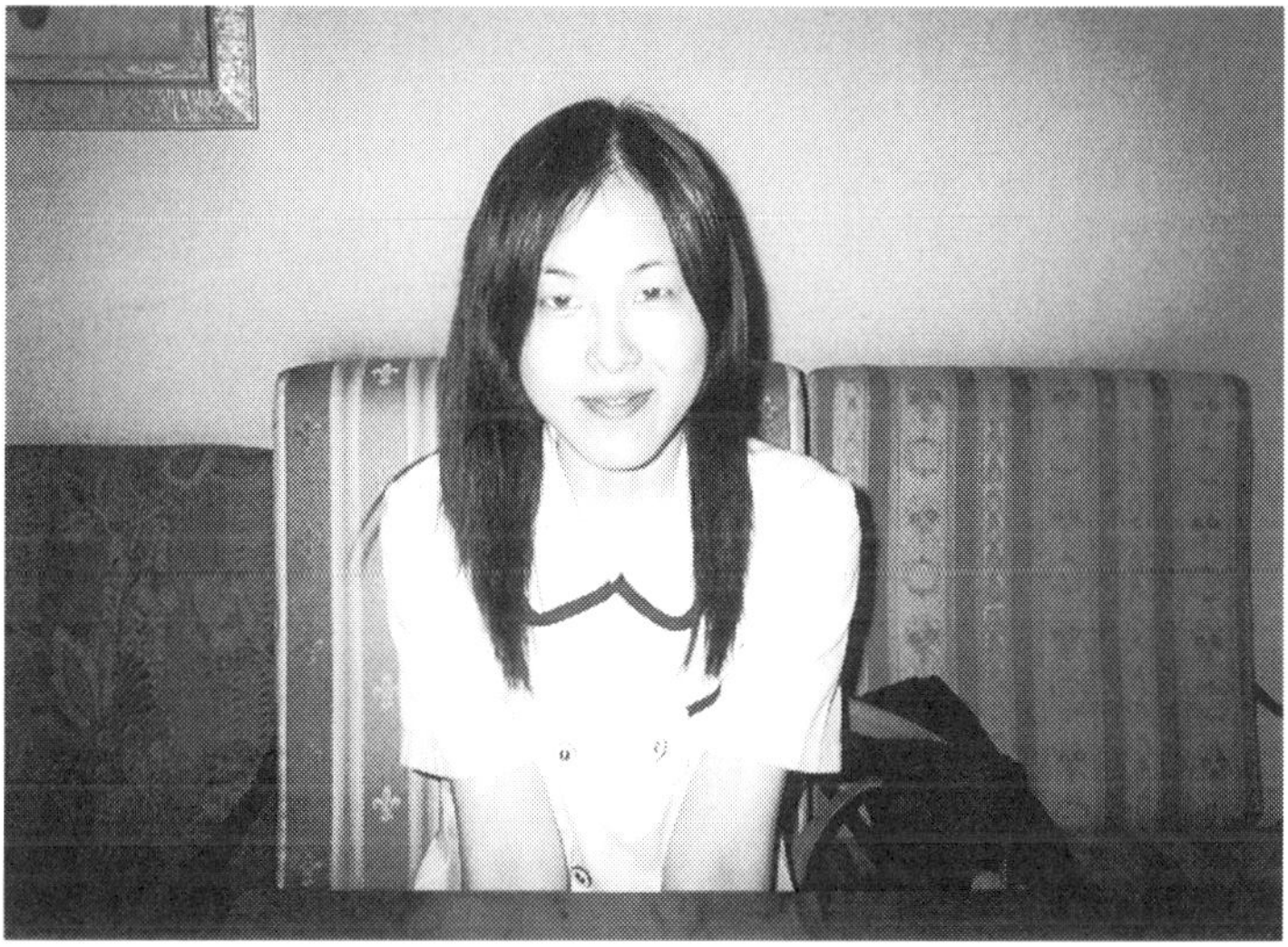

いんですけど……。

――悪いイメージを持ったお友だちは？

チョン　今はいないように思います。私の周りには一人もいません。ただ、中学時代には、少し、偏見のようなものがある子もいましたね。それはやっぱり教育によるものだと思います。

でも、個人の気持ちの持ちようも相当影響しているので、新しいものを受け入れるとか、そこから何かを学び取ろうとか、そういう前向きな態度で接しないとイメージに左右されて、そこからなかなか脱出できないのだと思います。

日本への期待

――来年からチョンさんは日本に留学する予定ですが、いつ頃から考え始めたのですか？

チョン　私は高校一年生の時から、第二外国語として日本語の勉強を始めました。それに伴って将来は日本に行って、韓国とは違う環境で多くのことを学びたいと思ったので留学することに決めたんです。

――日本語を勉強しようと思ったきっかけは？

チョン 日本が韓国よりも急速に発展してると思ったからです、いろいろと。韓国よりもあらゆる技術が優秀で、正直、日本が憧れの対象になったんです。それで日本に一度行ってみたいと思い、日本語の勉強も始めました。

――日本の情報はどうやって入手していますか？

チョン インターネットが主ですが、テレビやラジオ、雑誌などにも情報がたくさんあります。韓国でも日本のBS1やBS2が見れるので、目にする機会が多いですね。

彼女もまた「かけはし」に通う一人だ。土曜日ごとに開かれる集会の幹事も務めている。**http://www.daum.net**（韓国語サイト）にアクセスし、韓国語で「모모타로」（ももたろう）と検索すれば彼女たちが運営するホームページを見ることができる。そこでは定期集会での出来事を紹介、日本についての資料や情報を交換することができ、もちろん日本人も多く入会しているようだ。韓国人は日本・日本語を、日本人は韓国・韓国語を学ぶのに適した環境と言える。

――日本のどういう点に関心がありますか？

チョン まず私たちとは違う、個性あるファッションや奇抜なアイデアなどに関心があります。韓国

恐れ入りますが、切手をお張り下さい。

〒113－0033

東京都文京区本郷
2－3－10
お茶の水ビル内
（株）社会評論社　行

おなまえ　　　　　　　　　　　　　　　　　　　　様

（　　　　才）

ご住所

メールアドレス

購入をご希望の本がございましたらお知らせ下さい。
（送料小社負担。請求書同封）

書名

メールでも承ります。 book@shahyo.com

今回お読みになった感想、ご意見お寄せ下さい。

書名

メールでも承ります。　book@shahyo.com

でも最近は個性ある人も増えてきてはいるようですが、日本とは比較になりません。韓国ももう少しファッションやデザインの方面に関心を持って、より発展した方が良いと思います。韓国はもちろん日本も、お互い学べるところは学んで有益な発展をしてほしいと思います。そしてやはり美容関係には注目ですねー。

——美容に関しては韓国と日本に違いがあるのですか？

チョン　今韓国では、美容について専門的に教えているところがあまりないんです。日本では専門的に教えてくれる学校が多く、技術は韓国よりもずっと発展していると思います。専門的に、そして本当に学びたいのであれば、日本に行くしかないでしょう（笑）。日本の芸能人のファッションやヘアースタイルを見て、かっこいいな～と思って、それから興味が深まりました。

——芸能人で好きな人は誰ですか？

チョン　ジャニーズ・ジュニアが大好きです。嵐なんかはもう最高です！　きゃ～かっこいい!!

——（笑）最近は韓国でも日本人が活動していますが、それを知っている人は多いですか？

チョン　関心のある人はもちろん知っているんでしょうが、全体的な知名度は低いと思います。出てきたばかりの時はそれなりの反響があるんですが、しばらくすると全く話題にならなくなってしまいますね。韓国の歌手たち、例えばＳＥＳやＢＯＡなどが最近、日本で活動していますが、日本も韓国ももっともっと交流すべきです！　今はまだ少ないですね、そういった交流が。日本の一部と韓国の一部だけがやりとりしていても意味がないのに……でも一方では、小さい交流が後に大きい交流につながるとも考えられますね。

日本の芸能人がもっと韓国に進出すれば、かっこいいし、かわいいし、歌もうまいので、人気が出ること間違いなしですよ！

——韓国人と日本人の似ているところはどこでしょうか？

チョン　韓国人と日本人は顔が似ていますねー（笑）。それから語順が同じです。だから親しみやすいし、日本語を勉強するのも楽なのだと思います。

——考えの面ではどうですか？

チョン　まず韓国人は自分自身よりも、共同体意識を強く持ってると思います。個人よりもみんなで一緒に生きていこうという意識ですね。でも日本を見てみると、利己主義が強いと思います。個人の空間を大事にしているというか……その点が大きく違うと思いますね。

――チョンさんにとって、その異なる特質を持つ二つのものが近づくためには、今後どういった関係を築くと良いと思いますか？

チョン　以前より確実に韓国と日本の交流が増えてきているので、これからもより、お互いにたくさんの文化と情報を交換し合って、もっともっと発展しながら密接な関係を築いていくと良いと思います。

――今後日本にはどのようなことを望みますか？

チョン　韓国についてたくさんの関心を持って、もっと考えて欲しいと思います。そしてお互いに助け合って、日本と韓国との間を密接に保つ文化交流をしながら、これからもずっと一緒に生きていかなければならないと感じています。日本にも韓国について悪いイメージを持っている人もいると思いますが、悪い面ばかりを見ずに寛大な気持ちで、プラス思考で見てほしいですね。お互いにあら探しをしていてもいっこうに関係は改善されません。お互いに向上するためのライバル意識も必要ですが、時には素直に受け入れる気持ち、一緒に歩いて行こうとする気持ち、これが必要だと思うんです。私も来年から日本でいろいろなことを勉強して、今後日韓の良い関係をつくっていく一人になれたらと思っています。

日本という国は……

キム・ヒョスン
（武村みやこ・訳）

◆ソウルのジャパン・ウォッチャーの日本論

キム・ヒョスン（金孝淳）さんは『ハンギョレ』（『ハンギョレ新聞』が改題）の記者として一九九二年から三年間、東京特派員をつとめた。帰国後にまとめた著書『近い国、知らない国』については仁科健一・舘野晳編『韓国人から見た日本』（新韓国読本⑦、社会評論社）にも紹介されているが、日本社会をトータルにとらえた好著である。ソウルの本社で勤務しながら日本に関するコラムを時おり書いているので、ここで最近のものをいくつか紹介したい。出典はすべて『ハンギョレ』である。

議員三三人の心からの叫び

難航続きの日朝国交正常化交渉に関連して、一九六五年の日韓基本条約が交渉の前例になってはならないとする決議案が与野党議員三三人の連名により二八日、国会に提出された（『ハンギョレ』一一月二九日付四面）。金元雄《キムウォスン》ハンナラ党議員らの主導で作成された「朝日修交交渉に関連し日帝植民地時代の残滓の清算に関する決議案」は、日韓条約が朝鮮半島の占有に関する日本の公式謝罪と賠償問題の解決にはなっておらず、一種の「免罪符」を与える形になったとし、日韓間の清算方法が日朝交渉の障害にも、また交渉のモデルにもなってはならないと要求した。

北朝鮮と日本がどのような形で過去の歴史を清算するのかは重要な問題にはちがいないが、一般大衆の関心事にはなっていない。その流れは、日朝交渉関連決議案に対するマスコミの報道姿勢からも見ることができる。

もどかしいことに、この決議案についてはハンギョレを除いてほとんど言及しなかった。決議案を発議した主な当事者の一人である金元雄議員に、「記者に人気がないので新聞に取上げられないんでしょうかね」と冗談めかして聞いたところ、「さあね、韓国電力ストや公的資金導入の議論とか、ほかにネタが多いからね」とかわされた。

この決議案が黙殺された理由はいくつか考えられる。マスコミは読者の側に立った判断によってニュースの価値を決めるので、報道価値がないとか優先順位から後回しになってしまったのかもしれない。または、決議案の内容が、私たちの社会の一角に堅固に居座る冷戦時代の論理と真っ向からぶつかって、現実性がないという理由で無視されたのかもしれない。金議員が最近国家保安法廃止の是非と黄長燁《ファンチャンヨプ》氏〔一九九七年に韓国に亡命した北朝鮮の党幹部。韓国政府の保護下にある〕の活動制限問題に関連して、党指導部と全く異なる発言を重ねており、保守メディアに敬遠されたということもあろう。

私は一年半ほど前に「北朝鮮植民地支配の清算」というコラムを書いたことがある。要旨はこうだ。

六五年の日韓条約は、原因が何であれ欠陥だらけの国交正常化であったために間違った出発だった。いつかチャンスがあればこれをただささなければならないという主張が、両国の真の友好を願う人々の間から提起され続けてきたし、日朝交渉がその契機になる。日朝関係正常化の際は賠償金の支払いという方法によって清算するようにし、それを足がかりに韓国、または統一された朝鮮半島と日本との関係を再構築しなければならないのに、北朝鮮の脆弱な経済基盤や、経済協力方式を主張する日本政府の頑固な姿勢のために、新たな清算が可能なのか注目される、というものだった。

興味深いのは、むしろ日本政府が韓国世論の指導層の反応を注視している点だ。決議案が提出された日、駐韓日本大使館の公使が金議員を訪ね意見を交換した。日本政府の命を受けた日本の朝鮮半島専門の学者らは、

▽日朝国交正常化交渉の速度は適当か、

▽修交方式は日韓修交と同じ方式にするべきか、

▽どんな名目にしろ北朝鮮に払う金額は、現在の価値にしてどの程度が適当か、

などを調査してきた。

今現在はっきりしていることは、問題が日韓両国の大衆的な関心事にはなりえず、専門家の間でも意見の食い違いがある点だ。国内でも保守右翼らは、日朝交渉の条件が日韓交渉時より有利になってはならないと声を強めている。日本においても政府の政策に批判的な人たちは、韓国の例からもわかるように、経済協力方式では真の過去の清算を経た友好関係の持続は難しいとし、北朝鮮との交渉においては新たなアプローチで臨むことを主張している。これに関してわが政府の姿勢はどうか。金泳《キムヨン》

三《サム》政権までの歴代政府は、はじめから正常化交渉に反対したり、それでなくても日韓方式より有利な条件になってはならないと釘をさしている。

金大中《キムデジュン》政権は、デリケートな問題だからか、北朝鮮と日本の二国間の関係なのだからしゃしゃり出て何らかの発言をすることは適当でないと発言を控えている。

とすると、読者諸氏の考えはいかに。


（二〇〇〇年一二月一日付）

日本という国

日本の右翼的団体「新しい歴史教科書をつくる会」が主導する中学校の歴史教科書修正問題が、わが国と日本の間の懸案となっている。修正の成り行きによっては、中国も含めた東アジアの外交問題に発展するかもしれない。

過去の歴史の清算に対する日本政府の曖昧な態度に接するたびに、日本という国の水準をもう一度考えないわけにはいかない。日本は、わが国の隣人であるだけでなくアジアの大国であり、自ら国連安保理の常任理事国の椅子をねらっている。国際社会で大きな仕事をしようという国が、過去の歴史認識に対する国内のさまざまな意見の不一致、矛盾を放置しておいて、国際社会の信頼を得られるのか、まことに疑問だ。

個人的な古い経験を話そうと思う。東京特派員として赴任して二カ月も経たない一九九二年四月、

NHKは「七三一細菌戦部隊」という特集番組を二回にわたって放映した。アメリカや旧ソ連の極秘文書をくまなく探し、悪名高き七三一部隊の実態を暴いたこのドキュメンタリーに私はすっかり引き込まれた。内容を要約して記事にしたが、ほかの特派員からは、新聞記者がテレビ番組を記事にするのかと皮肉られたりもした。

ところで、公営放送が過去の歴史問題について水準の高い特集番組をいくつか放送したからといって、日本社会における意識の不一致が解決されるわけではない。

一度、地方新聞社の労組の招きで四国の徳島へ行ったことがある。講演らしきものを終えた翌朝、東京へ戻る前にホテルの向かいにある丘に登ってみた。てっぺんには満州で死んだ防疫給水部隊のかつての戦友たちを追悼する碑があった。防疫給水部隊とは、細菌戦の研究をするために中国人、満州人、朝鮮人のいわゆる「不純分子」を対象に生体実験をした七三一部隊そのものだ。

私はここに日本の二つの顔を見た。多くの市民はとても礼儀正しく健全である。しかしもう一方では、戦前の歴史を美化しようとする国粋主義的な右翼が存在する。これらはもちろん多数ではないが、のさばり始めたら、それにブレーキをかけることのできる対抗勢力がない。彼らは日本の自尊心、日本の魂を強調しながら、これに反発する人々に対し脅しをかける。最近の、歴史教科書の改悪反対声明に賛同した日本の知識人たちに深夜電話をしたりして狼藉をはたらく輩がまさにそれだ。

日本の市民団体が、従軍慰安婦や南京大虐殺に関する展示会を開くために市の公会堂や付属の設備を借りようとすると、彼らは市当局に圧力をかけて借りられないようにする。市側の弁明は筋が通らないもので、展示会を予定通り開くことで右翼が集まって、トラブルにでもなったらどうするのかというのである。これが世界の経済大国と自他ともに認める日本の民主主義の弱点であり、アキレス腱なのだ。

この点に関連してはわたしたちも注意しておかなければならないことがある。日韓における現代史の中で人気の高い人物をあげるとすれば、おそらく朴正煕《パクチョンヒ》元大統領が上位に食い込むだろう。日本の陸軍士官学校を出ていて、後にクーデターを起こし、日本式経済発展のモデルを導入して「漢江《ハンガン》の奇跡」を成し遂げた彼を、日本人が好意的に見ないはずはあるまい。まして国民のための政府は、税金で彼の記念館の建設を支援しているのである。

もう一つは、産経新聞の正体を正しく知らなければならないということだ。この新聞は、「新しい歴史教科書をつくる会」の推進者らと思想を同じくする保守右翼の牙城である。しかし、過去においてわが政府は、対北朝鮮の攪乱戦術の一環として、この新聞に密着して意図された情報を流し、それを国内に逆輸入させて国内政治に利用してきた。この新聞は歴史教科書の修正問題に対する韓国マスコミの批判が高まるや、「反日キャンペーンが再燃」していると書いている。韓国のマスコミが、あたかも日本社会全体を批判しているかのごとく書く。この記事を書いた記者は、それまで一部のマスコミによって、韓国をもっともよく知る日本人であるかのように美化されていた人物である。これがわが社会のもう一つの混乱を示している。

（二〇〇一年二月二三日付）

東アジアの不吉な夢

去る四月一七日は、ピッグス湾侵攻四〇周年にあたる日である。アメリカは一九六一年四月一七日、フィデル・カストロ率いるキューバの左派革命政権を倒すために、亡命キューバ人で構成された部隊をピッグス湾に浸透させた。中央情報局の主導によるこの作戦は、キューバ側の機敏な対処によって侵攻した兵力の大部分である一一八九人が捕らわれるなど、あっという間に瓦解してしまった。

この年の一月に就任した当時のJ・F・ケネディ大統領は、政権引き継ぎの過程で前任者アイゼンハワーからこの作戦の重大性について説明を受け、作戦を承認したが、取り返しのつかない失敗をした。この事件はアメリカの対外政策において「完全な失敗」例の一つとして数えられる。ケネディはこの事件を通じて重大な教訓を得たという。軍の幹部や情報責任者はこと軍事作戦に関しては専門的であると考え、彼らの進言を特別疑うこともなく信じた結果は取り返しのつかないことになる、ということである。

事件後四〇年を経た時点で、これに再び光を当てるために先月末キューバのハバナで一つの会議が開催された。この会議では専門家、学者たちはもちろん、当時銃口を交えた両当事者も列席した。キューバ側からはカストロをはじめとしてホセ・ラモン・フェルナンデス副総理らが、当時の亡命キューバ人の侵攻部隊であった二五〇六旅団からは生存者五人が出席した。アメリカ側からは、ケネディの補佐官だった歴史学者アーサー・シュレジンジャーを含む中央情報局の当時の実務責任者が出て証言した。亡命キューバ人らは会の終了後、全犠牲者を追悼する花輪を捧げ歴史的な和解を模索したという。

この会議を見てひとつうらやましく思ったことがある。歴史の激動期にあってどんな立場や状況に置かれていたにしろ、一時代の幕が下りたら事件の重要当事者が一堂に会し、機密が解かれた文書を前に、学者を交えて集中的に意見を交換し「整理」していくというのである。九二年のキューバミサイル危機三〇周年においても同様の趣旨の会議があり、ヨーロッパでは冷戦体制終結後、重要な事件の意味を検証する集まりが続いていた。このような席では唯我独尊的な主張は通じず、ある時点で相手に対し誤解や齟齬が生じたなら、その理由が何であったのか論議をするのである。

しかし、東アジアにおいてこのような趣旨の集まりを見ることのできない現実は残念である。過去に対する整理がろくすっぽなされていないために、現時点のいざこざも増幅しがちである。

最近のアメリカの偵察機と中国の戦闘機の衝突事件は、この地域の平和がいかに脆弱かを雄弁に物語っている。アメリカの偵察機の乗務員二四人中八人が暗号解読の専門家であったことは、まさに相手に対する不信の度合いを見せてくれる。相手の秘密を暴くために最大限接近しなければならず、自分たちが得た情報は相手に漏れないように極力隠さなければならない。これが二一世紀の二大国たる米中関係の現実なのだ。

米中対立に劣らず憂うべきは日本国内の動きだ。すでに数カ月前から機能停止状態に陥っていた森総理大臣の後任選びが終盤に入っている。しかし日本の総理の顔が替わったところで、この地域の問題を大局的に見る包括的ビジョンの提示は期待しがたい。自民党総裁選出に先立って行われた候補討論会を見ても、これといった相違点もなく閉鎖的性格が強かった。党総裁予備選挙で圧勝し次期総理として有力視されている小泉純一郎前郵政大臣は、靖国神社参拝問題や歴史教科書修正問題で歴代の総理よりさらに保守的見解を明らかにしている。

過去の歴史の清算や朝鮮半島の緊張緩和、米中信頼醸成と関連して、日本の首脳が替わったからといって、特に期待するものはないという見通しがおのずと出てきてしまう。冷戦の名残りが残っている上に閉鎖的民主主義の傾向すら強まれば東アジアの平和はどうなるのか。このままいけば信じられるものは、対決の構図と排外主義を拒否する市民・民衆の活発な交流と固い連帯以外にないだろう。

（二〇〇一年四月二四日付）

朝鮮海峡の台風警報

八〇パーセント台を記録する日本の小泉純一郎総理の人気は、就任早々であることを差し引いてもとび抜けている。かねてから変人と言われていた彼が高い人気を誇る背景には、日本の重苦しい停滞の雰囲気を打開する新しいステップへの足がかりを与えてくれるのではという人々の期待があるからだという。彼が自分の構想をはっきりした物言いで表明すると、今度こそは何か変わるかもしれないという印象を与えてくれるのである。

しかし、靖国神社参拝に対する小泉総理の明確な発言には当惑するし、彼の見識を疑わせる。八月一五日の「終戦記念日」に靖国神社を参拝する計画を、韓国と中国が外交問題と見なすのはやめなければならないとまで言った。彼のこの発言によって朝鮮海峡に台風警報が発令され、日韓外交当局は超緊張状態に入ったものと見られる。私は短期的に及ぼす波紋の大きさは、歴史教科書歪曲問題より靖国参拝問題の方がより大きいと考える。歴史教科書歪曲問題は、実際に保守右翼系の教科書が一線の教育現場でどの程度採択されるのかを見守らなければならず、日本の内部の手続きも残っている。しかし、靖国問題はそんなクッションになるようなものがひとつもない。小泉総理が自身の発言を実行に移すなら、そのままはじけることになる。

彼は戦争犠牲者を追悼しようという自らの真情を隣人たちが理解してくれないと、やりきれない思いのようだ。彼は、靖国神社参拝についての違憲論議や近隣諸国の反発をさけるためにもっぱら情緒的な訴えをしている。「戦没者に心からの敬意と感謝の意を捧げるために参拝する」というのである。彼がもっとも愛読する本は『あゝ同期の桜』という戦没学徒の手記だという。

日本には神社が多く神も多い。中曽根康弘元総理の表現を借りるなら、日本人は汎神論的宗教観をもっており、神社に参拝する人が仏教を信じ、クリスマスを祝っても情緒的になんら混乱がないというのである。唯一神の国ではないので神が制限されることもなく、歴史に名前を残すほどの人物は、後世に神として崇められるようになる。徳川家康や豊臣秀吉も神の一人とみなされている。

しかし靖国神社は、数多くの神がいる神社の中でも別格の存在だ。天皇やその一族を除外した平民を国家が直接まつった唯一の神社であるからだ。明治維新以来、平民が神になることのできる唯一の道は靖国にまつられることであった。そのための条件はきわめて単純だ。「天皇陛下」のために戦死するのである。彼が生前何をしたかは問題ではなく、ただ名誉ある戦死をすればよかったのである。

敗戦まで靖国神社は、日本軍国主義の化身であると同時に聖地であった。敗戦後、米軍占領当局の指示で靖国の管理主体が国家から宗教法人に変わったが、それが醸し出す雰囲気は変わらなかった。靖国に神として合祀されている二四六万柱の「英霊」は、明治維新草創期の国内討伐で死んだ者を除くと、ほとんどが侵略戦争に動員された人々だ。一九七八年の秋に極東軍事裁判でA級戦犯として処刑された東條英機ら一四人がひそかに合祀されていたという事実が、その翌年の春に発覚して衝撃を与えた。

靖国神社は、決して外国の賓客が儀礼として参拝する国立墓地や無名戦士の墓ではない。小泉総理が自身の真意を切々と述べ立てても、近隣諸国の人々の共感を得られるものではない。ひとつ幸運なことは、自民党の内部からさえ靖国参拝の再考を求める良識ある声が出ていることだ。小泉の政治的盟友である加藤紘一元自民党政調会長は、「総理は個人的な感情を表すために参拝したいというが、総理大臣に個人というものはありえない」と再考を促した。国内の高い人気に浮かれている小泉総理が、その眼差しを広く国外へ向けることを厳粛に望む。

（二〇〇一年六月五日付）

金髪の洪昌守

去る五月、知人の在日同胞が事務室に電話をかけてきた。八年前、在日問題を取材した時に会って以来だ。総聯系の在日同胞としてWBAスーパーフライ級チャンピオンになった洪《ホン》昌守《チャンス》（日本名・徳山昌守）選手が、タイトル防衛戦をソウルで行うにあたり取材に来たという。会ってそれまでの思い出話を交わしたのだが、用件がもうひとつあった。

彼は洪昌守選手の一代記を書いているという。原稿はほとんど完成して、日本の有名出版社である集英社からこの秋に出版の予定だという〔高賛侑『統一コリアのチャンピオン』集英社新書〕。それで韓国でもできたら同時出版をしたいので、適当な出版社を紹介して欲しいというのだ。私は、まだ二〇代後半に過ぎない男の一代記が、はたして受け入れられるのだろうかといぶかりもしたが、おもしろい素材だと思った。

彼は、洪昌守選手がタイトル防衛戦でもし負けたら本は売れないかもしれないと恥ずかしそうに笑った。その月の二〇日、ソウルのシェラトン・ウォーカーヒルホテルの特設リングで開催されたタイトルマッチで、洪選手は前チャンピオン曺仁柱《チョインジュ》選手を五回KOで沈め、二度目の防衛に成功した。

私は彼の頼みを快諾した。黄色い髪をした世間知らずかに見えた洪選手が、人々の関心を引くに十分なスターだと思えたからだ。原稿を受けとって読んでみると、興味深いエピソードがたくさん盛り込まれていた。国内のボクシングファンにもよく知られているように、洪選手は統一旗や北朝鮮の共和国旗を持って四角いリングに上がり「朝鮮はひとつだ」と叫ぶ。それが日本社会においてどう受け取られるか、本国の人々には簡単には理解できないだろう。

曺仁柱選手を対戦相手に昨年八月に行われた洪選手のタイトル戦は、テレビ中継されなかった。日本で開催されるタイトルマッチが中継されないというのはかなり珍しく、裏ではいろいろな説が飛び交ったという。洪選手が在日三世だということを堂々と前面に出し「祖国統一」という文字が刻まれたガウンをまとって入場することから、スポンサーがつかないというのだ。テレビ局は「政治的」な匂いを消してほしいと要請したが拒否され、中継を諦めたという説がある。これとは別に、外国人選手同士の試合であり、洪昌守選手は日本での人気がないからと、まったくのビジネスの次元で中継をしなかったという話もある。

昨年一二月に大阪で日本選手を相手に開かれた洪選手の初のタイトル防衛戦は、地元のテレビ局が生中継した。しかし、民族的色彩が濃く流れる式典行事が画面にそのまま映るのを避けるためにか、試合開始時刻に合わせて中継をしたという。もっぱらスポーツの感動だけを伝えるために……。

ほかのことは差し置き、洪昌守選手が日本において本名で活動をするということは大変なことだ。日本のスポーツ界や芸能界で活躍する同胞出身のスターの中で、みずから韓国・朝鮮人だと明らかにするものはほとんどいない。彼らに民族的な誇りがないからというよりは、有形無形の圧力に耐えられないからだ。わが国のプロ野球草創期に韓国に来て野球の発展に寄与した金日融《キムイルユン》（日本名・新浦寿夫）選手は、日本の名門球団である読売ジャイアンツ入団にあたり、球団側から日本国籍でなければ困るというメッセージを伝えられた。それで家族会議を開いた末にやむを得ず自分だけ帰化したという。

最近、日韓関係が急速に悪化している。一方は日本の悪行をただしてやると気勢を上げる。また一方では、韓国人の熱しやすさをよく知っているとばかりに、台風が過ぎ去るのを待っているという話すら聞く。こういう時だからこそ、日本の内側をいろいろな角度から見せてくれる本が必要なのだ。私は洪昌守選手の本を出さないかといくつかの出版社に打診してみたが、いまだに色良い返事はもらえていない。そんな事情を筆者に伝えると、彼は残念がりつつも日本では九月一七日に本が出ますと教えてくれた。日韓同時出版という彼の願いが実現したらうれしいのだが。

（二〇〇一年七月一七日付）

住んでみた日本

イ・ファジン
（聞き手・小田切督剛）

◆友好都市からやってきた公務員の感想

韓国の地方自治制度は一九四九年の地方自治法制定に始まる。しかし朴正熙《パクチョンヒ》の六一年「五・一六クーデター」により地方議会が廃止され首長が任命制になるなど、地方自治が中断された。八七年の「六・二九民主化宣言」で地方自治制の完全実施が約束されたが紆余曲折が続き、ついに九一年三月と六月に地方議会議員選挙が、九五年六月に地方自治体の首長選挙が行われ、名実ともに地方自治制度が再開された（韓国自治実務研究所『韓国の地方自治――理論と実際』ウィアム出版文化社、九五年。財団法人自治体国際化協会『韓国の地方自治』二〇〇〇年）。韓国ではこれを「民選自治時代《ミンソンジャチシデ》」と呼ぶ。

韓国自治体の国際交流、特に姉妹都市・友好都市交流は、六一年の慶尚南道《キョンサンナムド》晋州《チンジュ》市とアメリカのオレゴン州ユージン市に始まる。九〇年代に入り金泳三《キムヨンサム》政権が「世界化《セゲファ》」を唱え、民選自治時代を迎え自治体の独自性を打ち出そうという動きとあいまって急激に増加し、二〇〇二年一月現在で四〇か国四〇六都市を数えている。上位三か国は中国一二二、アメリカ七五、日本七一となっている（韓国地方自治団体国際化財団 http //www. klafir.or.kr/）。日韓自治体間の姉妹都市・友好都市交流は六八年の慶尚南《キョンサンナム》道《ド》蔚山《ウルサン》市（九七年から蔚山広域市）と山口県萩市に始まる。提携数は八〇年代末まで毎年一～三件程度にとどまっていたが、八八年のソウルオリンピックを機に次第に増え始め、九二年にピークを迎えた後も着実に増加している（第三回〈日本―在日―韓国〉ユースフォーラム日本準備委員会・日韓自治体交流実態調査プロジェクト『日韓自治体交流実態調査報告書』九九年）。川崎市と富川《プチョン》市は日韓間で六六番目の友好都市提携であり、かなり最近の部類に属する。

川崎市は、首都東京と横浜の間に位置する人口一二七万人（二〇〇一年一月現在、外国籍市民含む）の都市である。また、富川市は韓国の首都ソウルと仁川《インチョン》の間に位置する人口七七万人（二〇〇一年一月現在）の都市である。川崎市と富川市の交流は九一年に市民レベルで始まり、さまざまなレベルの交流が積み重ねられた結果、九六年一〇月二一日に「友好都市協定」が結ばれた（伊藤長和「市民がつくり出した富川市との友好都市交流」『東アジア社会教育研究』No.4、東京・沖縄・東アジア社会教育研究会、九九年）。

さらに九七年八月二八日に「相互理解と友好親善交流を担う人材を育成すること」を目的として「職員相互派遣協定」が結ばれた。九八年度から期間一年で職員が毎年一人ずつ相互に派遣されており、二〇〇一年度は相互に四人目を派遣している。派遣職員は相手市の行政システムについて研修を受けることはもちろん、両市間のさまざまなレベルの交流事業の連絡・調整・通訳、資料の翻訳などに携わってきた。イ・ファジン（李和眞）さんは富川市からの第四代派遣職員（派遣期間二〇〇一年四月～二〇〇二年三月）、インタビュアーの小田切督剛は川崎市からの第二代派遣職員（同九九年四月～二〇〇〇年三月）である（ホームページは川崎市がhttp://www.city.kawasaki.jp/、富川市がhttp://bucheonsi.com/）。

イ・ファジンさんは七三年生まれで九二学番《クーイーハッポン》（九二年に大学入学）の二八歳。生まれも育ちもソウル北東の議政府市《ウイジョンブ》。高麗大学校《コリョテハッキョ》（韓国の私立総合大学。一般的には略して「高大《コデ》」と呼ばれる）の行政学科では、約六〇名の同期中女性は彼女ただ一人だった。九九年、「地方考試《チバンコシ》」に合格した。「地方考試」は正式には「地方行政高等考試」といい、行政自治部（日本の総務省にあたる）考試課が実施している、地方公務員のキャリア組試験である。この制度は地方自治再開後の九五年に設けられたもので、彼女は第五期にあたる。第五期二四人中、行政職は二二人。うち首都圏を含む広域自治体である京畿道《キョンギド》（「道」は日本の「県」にあたる広域自治体）で採用された行政職二人のうちの一人である。富川市に配属され研修を受けてまもなく、行ったこともない日本への派遣が決まった。

二〇〇〇年に公務員になったばかりの七〇年代生まれの感性に、住んでみた日本はどう映っただろうか？

おばあさんの日本語――来日前の日本イメージ

――日本に来る前の日本のイメージはいかがでした？　たとえば日本の音楽や映画は？

イ　音楽はX－JAPANとかを知っていて、映画は『鉄道員《ぽっぽや》』や『LOVE LETTER』などを見た程度でした。

――そうですか。夏に会った富川市の高校生たちは日本のアニメに詳しくて、川崎市の高校生と一緒にアニメのテーマソングを歌っていました（笑）。おじいさんやおばあさんに日帝時代《イルチェシデ》（日本でいう植民地時代。日帝は日本帝国主義の略称）の話を聞いたことはありましたか？

イ　いや、日帝時代よりはむしろ「六・二五《ユギオ》」、韓国戦争《ハングッチョンジェン》（日本でいう朝鮮戦争）の話が多かったです。

――やはり六〇年代生まれと七〇年代生まれの差なのかな。六〇年代前半に生まれた方たちだと、ご両親が日帝時代に大変な経験をした話をたくさん聞いたとか、ご両親が今も日本語ができるといった方がいらっしゃいますね。富川市に派遣されたときにそういう方たちのお宅に招待されて「こういう歴史を経験してきた人がいるのだということを忘れないでほしい」と言われたことを思い出します。

イ　私の祖母も年齢が七〇を過ぎていますが、日本語ができます。実は日本語ができるということを知らなかったんです。私が日本へ派遣されるかもしれない、日本語をどうやって勉強しようかという話をしたら、祖母が漢字を見ながら「これは日本語でこう読む、ああ読む」と言いだしました。学校で習ったそうです。

韓国のお年寄りは日本語がけっこうできる人が多いです。それは、日帝時代に日本語教育を受けたからです。民族の言語を禁止され、強制的に覚えさせられたからこそ、いまだに覚えている人が多いということです。

さっき「六・二五の話が多かった」と言いましたが、よく聞かされたというわけではありません。

よく周りが「あの頃は大変だった」という話をするのに比べると、あまり話してくれないほうでした。そこで「なぜ話してくれないんだろう?」と訊いて、やっと話してくれました。祖母は、孫たちにわざわざ怖くて良くないことを知らせたくなかったと言います。

――私の母方の曽祖父は日帝時代の朝鮮で、祖父母は「満州」で働いていたことがあるのですが、当時の話を聞こうとしても結局積極的には話してくれませんでした。また、父方の祖父は日本海軍にいたのですが、私が小さい頃、好きだった海軍の写真集を祖父に持っていったら不機嫌な顔をしたのでびっくりした記憶があります。父に「おじいちゃんは戦争が嫌いだからなあ」と聞いて反省しました。

学校教育での日本のイメージはいかがでしたか? たとえば韓国の歴史教科書について「反日的」であるといった言い方をする人も日本社会にはいますが、どう思いますか? 私は韓国で教育部(日本の文部科学省にあたる。現在は教育人的資源部)が発行した『高等学校国史(下)』の最新版を買って読んでみましたが、むしろ日帝時代については感情的でなく事実に基づいて書いているが、記述自体が少ないという印象を受けました。

イ 教科書自体はそのとおりだと思いますが、学校で勉強するのは教科書だけではなくて、周囲の友達や先生の影響が大きいのではないですか? 同じ教科書を使っていても、先生によって教え方が違いますし。

ちなみに、韓国人の日本に対する視点は反日にばかり偏っているわけではありません。歴史上の問題のため、まだ解けない感情があるのは確かですが、その一方、日本の進んだ部分を学ばなきゃという考えも強くあります。

――ファジンさんは以前、「朝鮮史研究会セビョク」（川崎市職員を中心としたグループの一つ。「セビョク」は「夜明け」を意味する韓国語）の定例会で、「私は韓国の教科書ではこの程度しか教わらなくてむしろ幸いだったと思いました。教科書以外に日帝時代についての本をいろいろと読んで、本当に怖くて夜も眠れないような体験をしました」と語っていましたね。

イ　それは、「学校の授業以外で習ったことがもっと多かった」という意味でもあります。日本人たちがこうした事実を全部知っているのか、知るようになればどのような反応をするのか気になります。

あるがままの姿を見よう――来日しての印象

――日本に実際に来てからの印象はいかがでしたか？

イ　そうですね。「日本はたぶんこうだろう」とか「日本人だったらたぶんこう考えるだろう」と一般化して考えていたのが、「ああ、こういう面もあるのね」「こういう風に考える人もいるのね」といろいろ見えるようになりました。どんな社会も一言で断定することはできないのですし、多様な個人が調和している場なのですから。

ちなみに、頭の中で考えた印象は実体に接してからずいぶん変わるものですので、最初ばかりではなくこのように時間が経った後の印象まで聞いてくれると嬉しいです。ところで、日本に来たばかりの時には、「違いを知らなければ」とずっと神経を使っていました。何を見ても韓国の姿が浮かんできて、「こういう点は違う」ということを探そうとしました。そうしながらひそかにどちらが良いのか比較して、韓国が良いと考えられれば誇らしく、日本がより良いと考えられれば失望したりしました。

――違いにばかり目がとらわれてしまっていたわけですね。

イ　そう。違いを見ようとするあまり、あるがままの姿が見えなくなっていました。初めて和太鼓の公演を見に行ったときも、「韓国の公演と違う点を探そう」という考えばかりあったために公演自体を楽しめないことに気づいて後悔したこともありました。「違いを感じなければ」といった先入観を持たないで、あるがままの姿を知ろうとすることが大切だと思います。

ところで、実は私「あまりにも日本的になってしまった」と言われることがあります。

――えっ？「日本的」ですか？

イ　そう見えるらしいです。韓国から来た方に「小さなことでもいいから、日本に来て感じたことを話してほしい」と言われて、どんな違いがあるかという話をしたことがあります。すると最後に「だからといって、あまり日本化しないでほしい」と言われてしまいました。あまり「日本ばかり良い」と考えるようになってしまわないでほしい、ということでしょう。私の話が日本ばかり良いというように聞こえたようです。私は日本について、韓国に対して助けになるような良いことを選んで話すつもりだったのですが……。

――本人は日本社会の良い面も悪い面も知った上で良い面を話そうとしているのにね。

私も似たような経験があります。富川市から戻ってきて川崎市で韓国の話をするとき、まず良い話から始めるじゃないですか？　すると「小田切さんは韓国の良い面ばかり見てきたのね。悪い面は知らないのね」と言われてしまいます。悪い面も知っているけれど、否定的な韓国観を持っている人に違う面を伝えようと、まず良い面から話しているだけなのに。まったく困ったものです。

イ　「すべての人を満足させることはできない」と言いますからね。

韓国に対して反感を持っている人とも会ってみたい

イ　小田切さんは韓国にいるとき、韓国人とのつきあいで戸惑ったりしたことはありませんでした?

——そうですね。あまりに率直に意見を言われて戸惑ったりしました。たとえば「韓国語《ハングンマル》が本当《チンチャ》に下手《モッタネ》だな」とか(笑)。日本社会ではそんな風に正直には言わないじゃないですか。でも慣れましたよ。慣れると逆に率直にやりとりするほうが楽になりました。

イ　私もだんだん日本に慣れて「これが日本社会なんだなあ」と思う時が増えました。

——どんなところにそう感じます?

イ　相手の気持ちを考えすぎて、あまり正直に言ってくれず、曖昧な言い方をすることです。しかし日本人を見ながら自分自身にもそんな部分があったと気づきました。その配慮が必ずしも相手に良いばかりではないことも。これは単に個人的なことではなくて、日本人が外から「つきあいにくい」といわれることの原因にもなっていると思います。

——ところで、ファジンさんの周りにいる人たちは、日本社会の良い面ばかりでなく、悪い面も含めて見せようとしていますか?　私が富川市に派遣された当初は、富川市役所の同僚が「小田切くんを失望させたくない」と言って、悪い面はなるべく見せないようにと気を使っていました。

イ　韓国が好きだという人を失望させたらもう嫌になってしまうのでは、と思ったのでしょう。悪い面かどうかというのは、結局自分自身が見て自ら判断することなのだろうと思います。どちらかと言えば、「悪い面を見せようとしている」というよりは、自分の恥ずかしい点を率直に話す人たちを見て、すごいなあと思いました。

――私自身の姿勢はどうだろうか、反省してしまいます。

イ　今までは市役所の職員の方たちとばかりお付き合いしてきたので、なんというか、保護されてきた、守られてきたという面があると思います。もっと色々な立場の市民の方たちと会ってみたいですね。韓国に対して反感を持っている人とか。

――ああ、そういう人たちの存在まで知ってこそ「日本社会を知った」と言えるかもね。

イ　そうでしょう。以前韓国の自治体から派遣された方も、任期の終わり頃になり派遣先の外にも接するようになってから外国人差別のようなものを感じたと言っていました。

――でも難しいなあ。普通の日本人は「韓国に対して反感を持つ」というよりは……。

イ　関心自体がないでしょう（笑）。私が「韓国についてどう思いますか？」と聞いても「韓国と自分とに何の関係があるんだろう？」と迷うみたいです。

私が会う人たちは歴史教科書問題に関心があって、ある程度問題の内容も知っている方たちが多いです。しかし実は関心のない人たちが多いと聞いて「本当かなあ」と疑っていたのですが、最近会った大学二年生の学生さんが、本当に「知らない」と言っていました。「問題になったのは知っていた?」と聞いたら「少し」と。問題の内容ではなくて、問題になったということ自体を少しだけ知っているということです。「韓国との歴史を学校で習わなかった?」と聞いたら、「古代から勉強し始めて、近現代史は『忙しいから勝手に勉強しなさい』と言われて終わり」というんです。本当にそうなんだなーと驚きました。

「成熟」という概念が混乱しています

イ 私が今まで日本社会に全体的に感じた感想は「起伏が少ない」ということです。感情の起伏もあまり見えないし、社会のイシューに対する論争もそうです。「どうしてこんなに起伏がないのでしょう?」と質問すれば、感情の起伏については「民族的特性だから」、論争や社会の起伏については「成熟社会に入ったから」という答えが返ってきます。「年をとれば騒ぐこともなくなる」ということだそうです。「成熟社会」になって緩慢になることが良いのか、韓国社会のように変化が多い方が良いのかはわかりませんが、社会全体を見ると面白みはあまり感じられないんです。社会の「静かさ」と「起伏の少なさ」が、日本では「成熟」と考えられているのを見て、「成熟」の概念が混乱しているところです。

——「成熟」というよりも変化を恐れているだけかもしれない。他の国の「成熟」とはどう違うと考えますか?

イ 「多様化」という一つの基準から「成熟」を見るならば、イギリスやアメリカと比べて日本は偏った部分ばかり多様化しているように感じます。たとえば性や娯楽などは多様化しているけれど、意識や意見の面ではあまり多様化していないようですね。そこにはマスコミの影響が大きいと思います。日本政府とは違う、アジアまたは日本の少数の声はあまり出せないですから。

同じ東洋人として悲哀を感じます——外国への関心

——私が富川にいた頃、日本社会と比べて韓国社会は東南アジアなどに関心がある、アジアが視野に入っているという感じがしました。たとえば韓国と東南アジアの国を比べて語るとか。日本では日本と東南アジアの国とを比較するという発想自体がない気がします。

イ　それは、「日本はアジアではない」からではないでしょうか？（笑）冗談です。無関心でないだけ幸いかもしれませんが、いまだに韓国でも東南アジアを下に見る傾向が残っています。

——英語圏を指向しているという点ではどうですか？

イ　指向しているというより、あまりに西欧化が一般的なことになってしまって、指向しているのかどうかすらもわからなくなっているのではないですか？

——それは日本も同じだと思います。富川市では中国語を学ぶ人も多く、中国に対する関心もとても高いという印象がありました。

イ　日本でも中国に対する関心が高いのではないでしょうか？　中華料理に（笑）。そういえば、日本に来て「西欧社会に憧れている」ということを感じた機会がありました。ある会合で、あいさつ程度の日本語しか知らないイギリス人が通訳の方と一緒に来ているのに会いました。私は日本に来たばかりの頃、仕事のため日本に来たのに日本語があまりできない自分が恥ずかしいと感じていました。

――しかしそのイギリス人は通訳を介して堂々と話していたと？

イ　いえ、その人のことではないんです。彼が英語で自己紹介するとき周りの人たちが、通訳するのを制して、自分たちはどれだけ聞き取ることができるか試してみたいと言いました。結局「確認」のために通訳してもらいましたが。私にはその光景は、まるで自分たちが英語を理解できないことを申し訳ないと考えるかのように見えました。それを見ながら、他の国の言語に対してもこのように耳を傾けるだろうかと思いました。同じ東洋人として悲哀、悲しみを感じたというか……。

――なるほど、東洋人としての悲哀ですね。韓国ではどうでしょう？

イ　韓国でも同じようにするかもしれませんが、韓国人は外国人が一言でも韓国語を話せば、これはセンスがあると思って一生懸命韓国語を教えます（笑）。

――英語を学ぼうとするような姿勢で中国語や韓国語を学ぼうとしているか疑問ですね。

イ　いや、言語を直接学ぶか学ばないかの問題ではなく、他の国へ関心があるかどうかがもっとも大事だと思います。

「謝れ」という意味に受け取られる――韓国人への先入観

イ　ところで、今までの話は、「韓国は完璧で無謬だが日本は悪い」というのではなくて、あくまで私が日本に感じた感想です。韓国はまた韓国なりに良くない面がありますから。

——よくわかっています。でもそのように聞いてくれない日本人が多いのでしょうね。

イ　だから確認しなければならないのです。本当に言葉は注意しないと。

——今までの話は日本に対してきつい表現《シマンマル》だと思いますか？

イ　ええ、普通の日本人の前で話せば、表には出さなくても心の中では「これが韓国人なんだな」とか思われるのではないでしょうか？

——「朝鮮史研究会セビョク」でも、ファジンさんの言葉が誤解されたことがありましたね。

イ　日帝時代の在朝日本人についてのレポートの後「事実を知り、次世代にも伝えなければ」という意見が交わされていたときに、私が「先ほどから『事実』という言葉が出ていますが、みなさんは歴史的な事実についてどれくらい知っていますか？」と質問しました。ただ単に「知識の程度」を聞こうと意図した質問だったのに、「歴史について何も知らないくせに」という意味だと受け取った方が「あの質問は失礼だと思う」と抗議してきました。それでも日本人にとって自分の感情をはっきりと出すのは珍しいと思うので、抗議でも嬉しかったです（笑）。

「セビョク」がなんのために「朝鮮史」という言葉を掲げて集まって勉強しているのか疑問を感じたのです。「日帝時代の歴史をただ外国の歴史だと思っているのではないか、日本人の歴史なら『知ろうとすることが当然』になるけれど、外国の歴史だと思っているから『韓国人のために勉強してあげている』という意識になるのでは？」ということです。

——もともとは「朝鮮社会の発展史を知ることで既存の朝鮮観・韓国観の歪みを正そう」という趣

旨で集まりましたが、外国の歴史という意識で参加したメンバーが多いかもしれません。でも、少なくとも日帝時代は「外国の歴史」とはいえませんよね。

イ　歴史を見る視点には、地域の問題なのか主体の問題なのかという点があると思います。「現在の日本領土での歴史が日本の歴史」とするならば、朝鮮史は外国の歴史になりますが、主体の問題と考えると日本人が朝鮮でしたことも「日本の歴史」に含まれます。

――私は主体の問題と考えています。さらに言えば、朝鮮史や日本史という「一国史」ではなく北東アジア史という地域史の視点が必要でしょうね。例えばドイツの代表的な歴史教科書は、『ドイツ史』という書名を『過去への旅』と変更したそうです（近藤孝弘『国際歴史教科書対話』中公新書、九八年、四二頁）。つまり「一国だけで歴史を捉えることはできない」とポーランドやフランスなど周辺の国家との対話を踏まえた内容になっているわけです。これが正しい方向だと思います。抗議してきた方とは、その後議論が続いていますか？

イ　一度手紙でやりとりしたきりですが、「植民地時代の歴史が外国の歴史でないことはわかった。でも僕は謝る気はありません」と言っていました。私は謝ってほしいと言ったこともないし、それを意識しながら会ったわけでもなかったのですが。

――日本人の若者が一人謝っても何の解決にもならないのに。私も韓国で「謝ってほしい」なんて言われたことがないし謝ったこともありません。

イ　韓国人が何かものを言えば、日本人がそれを「謝れ」という意味に受け取るということを、よく耳にしてきたんですが、それが本当なのを実感しました。

――それだけ韓国人に対する先入観が強いということでしょう。だから日本社会のこれまでの朝鮮・韓国観を知り、批判する段階が必要だと思っています。また、私が熱心に日本人を韓国に案内するのも、韓国人と話しあったり韓国のさまざまな面を見る機会を作ることで、その人たちの韓国観が変わるのを見るのが嬉しいからです。

イ 「謝る」ということについてはその後もいろいろ考えました。「日本人は個人的に『すまない』という気持ちを持たなくてよい」という言葉は、「あれは政府や天皇の過ちだから自分たちはすまないと思わなくてもいいんだな」という考えに陥る危険性をはらんでいます。しかし、まず自分自身が過ちを犯したということを確実に知らなければなりません。私も以前は「昔の日本人の問題だから、今の日本人とは個人としてつきあうことは問題がない」と考えていたのですが、今は現代の日本人も「すまない」と感じなければならないと思います。「謝罪する気はない」と言う人も、そう言ったからといって抜け出る資格が生じるわけではないでしょう。いずれにせよ自分自身の過去なのですから。

――歴史を認識することは重要ですが、そこからどのように行動するかの問題ではありませんか？個人的に謝罪することよりも、たとえば韓国への無関心や歴史教科書などの現状を変えていくとか。

イ でも、行動するのは事実を認識していることが前提でしょう？　韓国またはアジアは「日本人が過去の事実を知っていながら知らぬふりをする」と思うから怒ります。しかし、ほとんどの日本人は本当に知らないから行動できないわけですね。私は、日本人にはその（過去の）認識すらないことを知って驚きました。韓国との関係において日本人のお決まりのセリフがあります。「韓国人は過去ばかり見て、未来は見るようにもしない。日本は賠償もちゃんとしたし、問題は既に解決できたのに、何かあるたびに昔の話を持ち出して繰り返している。それは日本だけの問題ではないし、過去よりこれからどうやって行くかが大切ではないか」。もうたまらない気持ちだそうです。大体の日本人がそう信じているのは日本政府ががんばった成果だと思いますが、これは、はっきり言って大間違いです。過去の問題はまだ解決できていません。韓国人は単にお金を狙っているわけではなく、日本側が過去の事実をちゃんと認めた上で反省して欲しいわけです。

残念ながら、韓・日・中の間では、どうしても歴史という重い話が話題になってしまいますね。明るい話、未来の話をするためにこそ、まず過去の歴史の問題を解決しなければなりませんし、その主体は誰よりも日本だと思います。きつい話に聞こえると思われますが、これだけは言っておきたいことです。

富川市の進んだ部分を知ってほしい

――今後の交流で大切なことは何だと思いますか？

イ　一般論ですけれど、やはり頭の知識だけでなく直接体で感じて実際の姿を知ることが大切だと思います。両市の高校生交流でも「直接会ったからこそ先入観がなくなった」という感想が寄せられています。そういう身近なところからの交流こそ、両市が長い間の交流で作ってきた信頼関係の結果だと思います。

――交流の課題は何だと思いますか？

イ　交流というものは、一方的に学んだり指導を受けようとするものではなくて、お互いの対等なやりとりが必要だと思います。相手をよく知りその知識に基づいて、問題の解決方式に隠されている知恵を学ぶことこそ重要ではないでしょうか。川崎から富川を訪問する方の目的は、親睦などであっても、私たちのように行政や政策への興味ではありません。日本では韓国をまだまだ遅れているとばかり見ているのでは、進んだ部分を見ていないのではという気がします。相手側の様子がよくわかれば学ぶところも見つけられると思います。

――この間富川の障害者福祉施設の職員たちが川崎を訪問したとき、受け入れた川崎側の方たちが「実際のところ、リハビリテーションのプログラムは富川のほうが進んでいます。ぜひ学びに行きたい」と話していて、私も良かったと思いました。

イ　川崎市を知るために、富川市からの派遣職員が書いたレポートは富川市役所の庁内ＬＡＮを通して全職員に読まれています。情報を共有することで、より良いアイデアも生み出されます。

――これも富川市から川崎市が学べる点ですね。川崎市からの派遣職員が書くレポートは、川崎市役所総合企画局で発行している『政策情報かわさき』（年二回発行）に掲載される程度です。より多くの職員に知らせていくには派遣職員個人の努力では限界があり、支援する制度が必要だと思います。

イ　単に富川と川崎が良い友人になるというレベルを超えて、制度的・実践的な面で行政をどのように遂行しているかという面でも、川崎市が学ぶに値することはあると思います。市役所同士の交流の目的はそこにあるのではないでしょうか？

――その通り、まさに政策交流ですね。私ももう少しテーマを定めて定期的に富川の政策情報を紹介する体制を作り、一方的でなく相互性のある政策交流を活発にしていきたいと思います。

（二〇〇〇年九月・一〇月取材）

II・韓国から「歴史の争点」を見る

日本の教科書が書かないこと

文純實・庵逧由香・太田

▲…植民地支配の歴史は韓国人の記憶に深く刻まれている。

Ⅱ●韓国から「歴史の争点」をみる

日韓関係の歴史の中で、両国の見方に最も開きがあるのが、近代史だろう。一方は侵略した側、もう一方は侵略されて植民地になった側なのだから、同じ事実でも受け止め方に差がでるのは当然とも言える。特に日本人の側は、こうした両国の近代関係史について知ること、考えること、そして韓国人と対話することを「なんとなく」避けてしまうことが多い。

日本では、たとえ具体的事実は知らなくても、教科書やマスコミなどを通じて、日本が朝鮮に「悪いことをした」というイメージは一般に持たれている。だが、では具体的にはどういうことをしたのかとなると、あまり関心の対象とはなりにくいのが現状だ。自分が「加害者」の立場であることを意識しつづけるのは気分のいいことではないし、自分には「関係ない」過去のことで韓国人に非難されるのもおもしろくない。知らないでいれば非難された時に「教えられなかったから」と言い訳もできる……。日本人、特に若い世代が日韓の歴史に関して積極的な関心を向けたがらないのは、こんな心理も働いているかもしれない。しかし、韓国人が歴史問題で一番不満を持っている点は、実は日本人のこうした「無関心」にほかならない。

日本の政治家の問題発言や教科書問題など、ことあるごとに日本に抗議する韓国を見て、「外国のことにそんなに目くじら立てなくてもいいじゃないか」とか、「いつまでも過去のことばかりにこだわっている」とか、「なんとなくこわい国だ」と感じてしまう日本人も少なくないかもしれない。しかし、韓国人が近代日韓関係史の問題で日本人に求めていることは、日本人が永久に謝罪し続けることでも、補償金だけ支払うことでもない。このさき友好的な日韓関係を築いていくためには、日本が昔のように韓国やアジア諸国を侵略することが二度とないようにしてほしい、そのためにも過去の侵略の歴史を日本人自らがきちんと受け止めて、日韓間の信頼関係をまず築いてほしい、という点につきる。だから韓国人は、過去の問題とともに自衛隊の海外派兵も、戦争を美化する日本の一部歴史教科書も平和で友好的な日韓関係を築くという見地から批判している。韓国人が近代日韓関係史を問題にするのは、過去にこだわるからではなく、それが現在の、そして未来の問題でもあるからだ。

日韓間にどのような落差があるのか、韓国人の一般常識と歴史研究者の考え方を中心に、七項目について紹介してみよう。

（庵逧）

豊臣秀吉の朝鮮侵略

韓国では、秀吉の朝鮮侵略を「倭乱」と呼ぶ。壬辰年（一五九二年）に起きた文禄の役を「壬辰倭乱」といい、丁酉年（一五九七年）に起きた二度目の侵略である慶長の役を「丁酉倭乱」という。しかし、一般的に秀吉の朝鮮侵略は「壬辰倭乱」で言い尽くされる。

日本において豊臣秀吉は、天下を統一し、「太閤検地」をはじめとする諸政策を断行して、その後の幕藩体制の基礎を切り開いた人物として大変人気のある歴史人物の一人である。しかし、韓国においては伊藤博文と並んで、これほど悪名高い日本人はいない。「豊臣秀吉」を知る韓国人は少ないが、「プンシンスギル」（豊臣秀吉の朝鮮語読み）という名は、「悪い日本人」として、韓国の小学校高学年以上の人なら誰でも知っている。

秀吉の朝鮮侵略は、一五九二年四月一四日に二〇万の大軍を引き連れて「仮道入明」（朝鮮の道を借りて明を討つ）という名目で朝鮮に進軍したことにはじまる。朝鮮に侵略した日本軍は二カ月あまりで、首都ソウルと平壌城を陥落させ、破竹の勢いで北進を続けた。当初、朝鮮では党争による国内的な混乱により迅速な対応が遅れたが、六月以降各地で在地士族や僧侶が指導する義兵が起きて北進する日本軍の後方を討ち、翌年の一五九三年正月、朝鮮と明との連合軍が平壌城を奪回し、情勢が徐々に逆転した。しかし、それまでに全羅道と平安道の一部の地域を除いて朝鮮半島のほぼ全域が日本軍により蹂躙されたのであった。

壬辰倭乱に関して、今日特に強調される点は以下二つに集約できると思う。その一つは、日本軍の蛮行とその後の影響、もう一つは日本軍を破ったとする英雄談と民衆の義兵である。

壬辰倭乱での日本軍の蛮行は、現在も韓国の各地にその傷跡を残している。たとえば文化財の破壊行為である。世界遺産にも登録されている慶州の仏国寺と石窟庵なども壬辰倭乱の際に破壊されたことが案内板に記されている。このような記録が各所の文化財案内板に刻まれている。韓国の人々は、幼いときから課外授業や修学旅行で文化遺産を見学する度に日本軍が破壊した傷跡を見学し、記憶する。朝鮮王朝の王宮である景福宮もその一つである。景福宮は、復旧作業が進行して、観光メッカとなっているが、現在の建物はそのほとんどが高宗時代、すなわち一九世紀末に建て替えられたものである。それ以前に朝鮮王朝が開かれたときに建てられた建物は、まさに壬辰倭乱の最中に焼失した。日帝時代に『宣祖修正実録』などを基礎資料に編纂された『京城府史』の記録では、日本軍の侵略という戦乱にまぎれて朝鮮の「姦民」が王宮に火を放ったとするが、『宣祖実録』によると、日本軍が王宮に到達した後に焼失している。つまり、朝鮮の「姦民」により焼失したとする見方は、まさしく植民地史観の残存であるとする批判が出されている。

壬辰倭乱で朝鮮が受けた被害は甚大であった。特に国土の荒廃はひどく、それまで国家が把握していた田地が一七〇万結から五四万結と約三分の一に減少し、民間の生活は疲弊して「人相殺食」の現象までが朝廷に報告されているほどである。また、多くの美術品、書物が略奪され、日本に儒学を伝えたとする儒者の姜沆《カンハン》や陶工などの技術者をはじめとして、総勢一〇万人もの捕虜が日本に連行された。その一部はポルトガルの奴隷商人に売られ、遠くヨーロッパまで売られて行った。ルーベンスの素描画に韓服を着た男性の絵があるが、まさにこの絵の主人公がこうして遠くヨーロッパに売られた朝鮮人であった。その他にも、秀吉軍が武功の証拠品として殺した朝鮮兵の耳を持ち帰ったことは有名である（京都の豊国神社近くにある耳塚）。

しかし、現実に現代の韓国で特に強調されているのは、英雄談と義兵闘争である。

亀甲船を考案して日本軍を多く撃退した水軍の指揮者である李舜臣《イスンシン》は、民族の英雄として語り継が

海戦で日本軍を破った李舜臣将軍の銅像

れている。現在、ソウルを旅したことのある人なら誰でも目にしたことがあると思うが、李舜臣の銅像が、景福宮を背景に世宗路の中央に威風堂々と立ち、釜山にある龍頭山公園には日本の方角に向かって立っている（ちなみに、景福宮の裏手に大統領官邸である青瓦台がある）。李舜臣とともに陸軍の三大将軍と言われる金応瑞《キムウンソ》、郭再祐《クアクジェウ》、権慄《クォンリユル》の武勇談も有名である。男性だけでなく命を賭けて敵将を討った女性の話も多く伝えられている。例えば、平壌の妓女・桂月香《ケウォルヒャン》や晋州の妓女・論介《ノンゲ》などである。桂月香は敵将を寝床に誘い込み、ぐっすり眠らした隙を狙って、金応瑞を引き入れて敵将の首を取る手助けをしたが、追手の日本兵の刃に倒れた。論介は、日本軍の将兵二人を晋州城の矗石楼の絶壁に誘い込み、二人を抱き抱えて南江に身を投げて死んだ。後に、大同江の錬光亭のそばに桂月香と玉介《オクケ》（桂月香に協力した妓女といわれる）の「義烈祠」が建てられ、論介が身を投げた岩は「義岩」と呼ばれ、側に「義岩事蹟碑」が建てられた。今も晋州城を訪れる多くの韓国人は矗石楼まで必ず足を運ぶという。晋州城は、壬辰倭乱で三大激戦区の一つとして有名で、国立晋州博物館が一九九八年には新たに整備されて、壬辰倭乱博物館として開館している。

日本の歴史教科書においては、数行で済まされてしまう秀吉の朝鮮侵略だが、韓国の中・高の歴史教科書で壬辰倭乱は、それぞれ四～五頁はさかれている。そのなかでも特に強調されているのは、水軍と義兵の活躍である。つまり、日本の侵略を受けたものの、「朝鮮は官軍と義兵などの全国民が力を合わせて戦ったので倭軍を打ち負かすことができた」（国定中学校国史教科書）[1]のであり、「倭乱でわれわれが勝利をおさめることができたのは、わが民族がもっていた潜在的力量がすぐれていたためである」（国定高等学校国史教科書）[2]というぐあいである。

つまり、秀吉の朝鮮侵略に対して、朝鮮民族は自主的に立ち上がって、勇敢に戦い、撃退したとする点が強調されるのである。実際に、義兵闘争を指揮した在地士族たちは、義兵闘争を通じて権力基盤を固めて、その後に在地支配を実現していった。軍功を立てた奴《ぬ》（賤民）などが庶民身分を与えられたり、庶民が職を与えられて軍役を免除されたりする場合も多く現れた。現在も各地の農村では、壬辰倭乱の義兵を讃える「倡義碑」をよく目にする。

こうした義兵闘争の記録は、日本の近代植民地支配を経て、「朝鮮民族」が長い歴史の中で外勢の侵略を受けても常に屈することなく抵抗して勇敢に戦い、国を守って来た「偉大な民族」という自負と矜持を育むのに格好の「教材」となっている。

このように四〇〇年前に起きた壬辰倭乱は、日本の植民地侵略とともに韓国人には身近な、近しい戦乱として記憶されつづけているのである。

（文純實）

（1）石渡延男監訳、三橋広夫共訳『入門　韓国の歴史――国定韓国中学校国史教科書』明石書店、一九九八年。

（2）大槻健、君島和彦、申奎燮訳『新版　韓国の歴史――国定韓国高等学校歴史教科書』明石書店、二〇〇〇年。

韓国人はなぜ近代史にこだわるのか

日韓の長い関係史の中でも、日本と韓国が政治的にも経済的にも特に密接な関係にあったのが近代史だといえる。しかし、その近代史に対する認識や評価には、両国間ではかなりのギャップがある。[1]日本と朝鮮は同じ東アジアに位置し、一九世紀後半という同じような時期に、どのように独立した近代国民国家を形成するかという同じ課題を抱えていた。ところが日本は後発資本主義国として植民地を持つ帝国主義国になり、一方の朝鮮は二〇世紀のはじまりにそうした日本の植民地になってしまった。そもそもこの近代史のはじめの部分に対するイメージからして、日韓ではずいぶん違う。

日本史でいうと明治期にあたるこの時期は、日本人の側から見ると、日本が欧米によって軍事力を背景に開港を強いられてから、日清戦争・日露戦争という二つの戦争を経て国際的にも認められるようになるまでの、いわば「近代化に成功した歴史」としてイメージされることが多い。ところが韓国の側から見ると、こうした歴史は「日本史」という「外国史」にとどまるものではなく、自国に対する「侵略の歴史」に他ならない。一八七二年に軍事力を背景に朝鮮を開港させたのは日本であり、この時から日本の朝鮮侵略の歴史がはじまった。日本が勝利した日清戦争や日露戦争の戦場は、日本でも清でもロシアでもなく、朝鮮だった。この二つの戦争は、清と日本、ロシアと日本が朝鮮での権益をめぐって戦われ、その勝利によって日本は朝鮮侵略の主導権を握ったのだった。

このような状況下でも、朝鮮内では古い封建体制を打破し朝鮮を近代化するための、様々な努力が行われた。民衆による「下からの」改革の試みとしては甲午農民戦争（一八九四年）、朝鮮政府・官僚・政治指導者など「上からの」改革の試みとしては甲申政変（一八八四年）・甲午改革（一八九四年）・光武改革（一八九七〜一九〇六年）などである。これらの試みが失敗した原因として、韓国では内的要因・外的要因の二つが挙げられている。内的要因とは、この時期にはまだ朝鮮内に古い封建体制を打破できるだけの勢力が充分育っていなかった、という点だ。そして外的要因とは、日本をはじめとする外国勢力の干渉と侵略である。

ソウルの安重根記念館の前にある、安重根の書を刻んだ石

だが、日本では、朝鮮が植民地になった原因を、「自発的に近代化する能力がなかったから」と見る見方がかなり早い時期からあった。「開港以前の朝鮮経済は、日本とちがって資本主義段階直前の段階にさえ達していなかった」「朝鮮史は中国史の一部として展開した」など、「停滞性論」「他律性論」などと呼ばれる歴史観（「植民史観」）がそれである。「植民史観」は、朝鮮の主体性を無視し、蔑視し、侵略を正当化する理論に他ならな

い。これらは、朝鮮を植民地化するための大義名分として掲げられ、植民地時代を通して歴史研究や歴史教育を通じて再生産されるなか、朝鮮人に強要され続けて来た。そのため戦後韓国の歴史学は、この「植民史観」をどのように克服するのか、というところから出発しなければならなかった。

このように日本人に自国を踏みにじられた歴史を持つ韓国人の立場から見ると、朝鮮侵略の歴史に無関心な日本人に対して、どうしても不信感をぬぐい去ることができない。たとえば朝鮮が植民地になった原因にしても朝鮮に内的原因があったのは事実だが、それを日本人が言うとき、「植民史観」とどこが違うのだろうか。日本人の韓国の歴史に対する認識は、「植民史観」からどれだけ変わったのだろうか。侵略の歴史に無関心でいることに日本人が何の疑問も感じないのは、本当はそれを真に反省してないからじゃないだろうか……。

こうした韓国人の「日本人の歴史健忘症」に対する不信も、最近では少しずつ変化を見せはじめた面もある。昨年（二〇〇一年）の教科書問題で日本は、「日本のアジアへの侵略戦争を肯定するような教科書を検定で通した」としてアジア諸国から激しい非難を浴び、韓国でも各地で日韓草の根交流の行事などがキャンセルされたりした。しかし、八月に問題の「新しい歴史教科書をつくる会」の教科書の採択率が一％にも満たなかったことが確定した時、韓国の日刊紙『ハンギョレ』の社説では、これらを「日本市民の地道な運動の成果」と評価し、この問題をめぐって今後日韓の市民団体の連帯が必要であること、そしてそのためには「無差別な交流行事の制限は決して望ましくない」とし、むしろ対話回路の早急な遮断を批判している。[2] しかし一方では、「教科書問題」の今後の展開に慎重な態度を見せてもいる。

このように、韓国人が歴史の問題が重要だと考え、日本人の歴史に対する無関心に不満を持つのは、そのままでは日本人と本当の「信頼関係」を作っていくための対話ができないと考えるからなのである。

（庵逧）

（1）一九四八年に朝鮮半島の分断が固定化する前の、朝鮮半島全体を指す。以下も同じ。
（2）『ハンギョレ』二〇〇一年八月一五日付社説「歪曲教科書を拒否した日本市民の力」。

植民地支配は合法だったのか？

日本の朝鮮植民地支配は合法だったのか？　韓国では韓国政府をはじめとするほとんどの韓国人は「否」と主張している。これに対して日本では日本政府をはじめ一部の日本人や研究者たちは「合法」だったと主張しているが、ほとんどの日本人は関心がないのが現状だろう。この点をめぐって、日韓両国は長い間意見がかみ合わないでいる。

この議論の焦点は、日本が朝鮮を植民地化していく過程で締結した条約や協約が有効（合法）だったのか、あるいは無効だったのか、という点にある。最終的に朝鮮の「併合」を宣言した条約は、一九一〇年八月二二日に締結された「韓国併合に関する条約」（「韓国併合条約」）であるが、それ以前にも朝鮮の主権を段階的に日本に委譲させる条約が締結されている。まず一九〇四年二月に「日韓議定書」で韓国（大韓帝国をさす。一八九七〜一九一〇年まで朝鮮は国号を大韓帝国としていた）は保護国化された。同年八月にはいわゆる「第一次韓日協約」で外交権を大幅に制限し、一九〇五年一一月の「乙巳保護条約」（「韓日協商条約」）で外交権を完全に剥奪、統監府を設置することを決めた。一九〇七年七月「韓日新協約」では、官吏任命権や司法権を統監府が掌握し、韓国軍の解散を決定、一九一〇年に「韓国併合条約」に至っている。

問題は、これらの諸条約が同等の立場で締結されたものではなく、日本の武力を背景に強制されたものであった、という点である。一九〇四年の「日韓議定書」は、韓国政府の中立宣言を無視して日本が対ロシア開戦とともに送った韓国派遣軍がソウルに駐屯する中、調印されたものである。「議定書」締結直後、この韓国派遣軍は「韓国駐剳軍」と改称され、司令部をソウルに置いてこれ以降も継続して駐屯した。一九〇五年の「乙巳保護条約」が、韓国側の皇帝・大臣らに対する工作や脅迫による強制調印であったことは、日本側の資料で立証されている。また当時の韓国皇帝（高宗）自身が、同条約の無効を訴え続けていた。

「韓国併合」の有効・無効が日韓の間で最初に大きな問題となったのは、一九五〇・六〇年代の日韓基本条約締結に向けての交渉過程でだった。有効・無効をめぐって両国は激しく対立し、最終的には「日韓基本条約」（一九六五年締結）の第二条に「もはや（already）無効」という表現を使って、両国どちらの立場からでも恣意的に解釈ができる形で一段落させた。しかし、いつから無効だったのか、という点では、韓国は「韓国併合条約」締結当時からとし、日本は大韓民国が樹立された一九四八年からだと解釈する（つまりそれ以前は有効だったとする）など、対立は根本的に残されたままだった。

韓国でこの「韓国併合無効論」が再び関心を集めたのは、韓国の歴史学者・李泰鎮《イテジン》氏が原文を検討した上で、これらの条約や協約が国際法上からも無効であることを発表した一九九二年である。李泰鎮氏は、「乙巳保護条約」には批准書や委任状がないなどの形式上の問題があるため、それ以降の条約・協約はすべて無効であること、「韓日新協約」以降の条約や協約において皇帝の署名偽造が行われていたこと、などを明らかにした。当時韓国の主要新聞はこれを大々的に取り上げ、「日本側が主張する合法論の根拠がくずれた」と報道している。

徳寿宮、本来の名は慶運宮。大韓帝国の時代、高宗皇帝が再建した。

　一九九五年一〇月には、村山富市首相（当時）の「韓国併合条約は当時の国際関係などの歴史的事情の中で法的に有効に締結され、実施された」（参院本会議）との発言が報道されるや、韓国では各界から批判の声が相次いだ。後に村山首相は、平等の立場で締結されたものではなかったと弁明したが、当時自民党の「歴史検討委員会」が『大東亜戦争の総括』という朝鮮侵略を肯定する冊子を配布したことが報じられたこともあり、批判はさらに高まった。これに対し、韓国国会では同月一六日に「大韓帝国と日本帝国間の勒約〔強制された条約〕に対する日本の正確な歴史認識を促す決議案」が満場一致で採択された。決議案の提案説明書では、「村山総理の発言は衝撃」であり、「日本政府の日韓の歴史に対する謝罪が真意に基づくものなのか疑わしく、むしろ〔謝罪は〕過去を繰り返そうという侵略意図を隠すものに過ぎないのではないか」と述べている。一方、議員の中には、韓国政府は同条約などを「合法」とする日本の主張に対しこれを黙認してきた、と批判しつつ、これまでこの問題に関して無関心であったことを反省する声もあがった。[1]

また最近では、歴史学者・海野福寿氏の「植民地支配は不当であったが、条約自体は合法と見るべき」という問題提起を契機に、同氏と李泰鎮氏を中心とする両国の歴史学者・国際法学者の間で活発な論争が行われている。[2]海野氏の主張は、李泰鎮氏が指摘する条約・協約上の「不備」は当時の国際法や国際慣習の手続き上から見ると必ずしも無効とは言えない、というものであったが、当時の国際法自体が植民地支配を正当視していた帝国主義諸国の論理に則ったものであると前提しての「合法論」であるため、植民地支配を正当化するために合法論を主張する一部日本の政治家などとは一線を画している。そのため李泰鎮氏自身、この論争を「日韓の対話」であると表現している。現在この論争は、李泰鎮氏らが主張する条約・協約上の不備や脅迫が、当時の国際法・国際慣習内での許容範囲にどれだけ抵触するのかしないのかなど、国際法上の論点に焦点が集中しつつある。

この論争は、韓国史学界でもかなり注目を集めたが、韓国の近代史研究者の間での反応はさまざまである。「合法」という問題提起をすること自体が「言語道断である」と厳しく批判する研究者も少なくない。しかし、近代史研究の中で、これまで植民地期を「強占期」と表現する論文は八〇年代から出ていたが、「韓国併合条約が無効である」という前提のもとに意識的に「軍事占領」という点を強調する論文は、実はそれほど多くはない。もちろんだからといって、韓国の研究者が「合法論」を支持しているわけではない。一般的に研究上では「日帝時期」という表現がよく使われ、ほとんどが当時の朝鮮を「植民地」と表現しているが、この場合は海野氏の言うように「植民地＝合法」という論理が前提になっているわけではなく、「帝国主義国」（日本）との対置概念として「植民地」という用語を使用しているに過ぎない。だが一方で、条約・協約の「無効論」のみが「軍事占領」を証明する手段なのか、という疑問も出始めている。

韓国の歴史学者・姜万吉《カンマンギル》氏は「韓国併合条約」を、「植民支配を認めてその支配法規を守る朝鮮人だけ法の保護を受け、残りの朝鮮人はすべて法の保護の外に追い出されたのが〝併合〟条約だった」と説明している。(3) この問題も、国の利益を優先せざるをえない政府の立場からだけでなく、様々な立場から検討すべきだということだろう。その意味で、上の論争のような「合法か無効か」という議論は、今後考察を深めるべき課題としてようやく研究の緒についたばかりだといえる。（庵逧）

（1）『東亜日報』一九九五年一〇月一七日付記事、「日本の歪曲暴言遮断、積極対応／国会決議案採択の意味」。

（2）この論争の詳細に関しては、海野福寿『韓国併合史の研究』（岩波書店、二〇〇〇年）や『世界』誌上で一九九八年から二〇〇〇年に掲載された関連論文などで、各論者の論点を知ることができる。

（3）姜万吉『書き直し韓国現代史』ソウル、創作と批評社、一九九四年、二〇七頁。

植民地支配は朝鮮に「貢献」したのか？

韓国人が最も批判する日本人の歴史観に、「植民地時期に日本は悪いこともしたが、鉄道や道路、工場など経済の基盤をつくるなど貢献もした」というものがある。日本が植民地下で行った経済開発の成果や施設を敗戦後そのまま残していったため、それがその後の韓国の国家建設に役立っただろう、という主張だ。「植民地貢献論」ともいえるこうした見方には、あからさまな植民地美化論から、「ひどいこともやったが、結果的には朝鮮のためになることもあった」とする見方まで、様々なバージョンがある。

だが、植民地下でインフラの拡充や数値の上で経済的「発展」があったということは、最も痛烈に日本の植民地支配を批判している韓国人研究者でさえも認めている事実だ。日本は「韓国併合」前から軍事力を背景にいち早く鉄道敷設権を獲得して、植民地期を通して朝鮮内に鉄道をつくった。また、統計数値だけを見るならば、朝鮮内の農業生産力や軽・重化学工業の生産力は、植民地期を通じて全体としては増加しているのも事実だ。「貢献論」は、このような事実を根拠にして主張されている場合が多い。しかし、経済的数値が増加したと認めることと、それを「貢献」だったとする質的評価の問題とは、全くレベルの違う話である。

まず、そうした生産力の増加による利益がどのように、誰のために使われたのかを見てみよう。韓国の歴史研究者・鄭泰憲《チョンテホン》氏は詳細な研究を通じて、朝鮮内で流動する資金の多くは租税という形で集められ、朝鮮総督府の歳出という形で使われているが、歳出の内訳を見るとほとんどが軍事費・総督府の公債費・日本人官吏俸給などだったと指摘している[1]。具体的には、植民地期全体を通して朝鮮総督府の租税収入はその八〇%が上記の三項目に使われ、さらに一五%は官業経営の赤字補塡に使われているという。つまり、朝鮮内で増大した生産力（富）のほとんどは、朝鮮人ではなく日本人のために使われていた、ということだ。

ソウル市庁。植民地時代の建物が今も使われている。

しかもその生産力増加は、大部分が朝鮮人の血と汗によって成し遂げられたものである。そもそも、日本人が総督府をはじめとして植民地期につくった施設を残して朝鮮を去ることになった全責任は、日本人自身にある。こうして見ると、経済的数値のみで見ても莫大な富を朝鮮から奪っているのだから、植民地支配そのものを「貢献だ」とは決して言えない、ということだ。

また、植民地支配による損失を経済的数値だけで計ろうとすること自体にも問題があるとする。韓国の歴史学者・姜万吉氏は、韓国人が受けた一番大きな被害は、日本の専制的な支配によって民主的な政治制度を作っていくための政治的訓練を朝鮮人が受けられなかったことだ、と指摘する。[2] 植民地支配の被害については、経済的収奪や軍隊・警察による暴力的な支配、戦争動員などがよく強調されるが、この「政治的訓練」という最も基本的な点が見落とされることが意外に多い。

植民地であるということは、ある民族が国民国家を形成して未来への展望やそのための具体的政策を自らが決める権利、つまり国家主権が奪われている、ということだ。これまでの国民国家の歴史を見ると、どの国も国民の様々な努力を通じて、国内の政治的民主化を少しずつ進めてきている。日本の植民地から独立した後の大韓民国もその例外ではない。姜万吉氏のいう「政治的訓練」とは、それぞれの民族が自分自身の手で民族の将来を選び取り、より民主的な政治制度を目指して紆余曲折を経ていく過程そのものを指している。ところが朝鮮人は日本の植民地になってしまったために、こうした「政治的訓練」を行う機会を四〇年以上も逃してしまった。そしてこの「被害」は、植民地から解放された朝鮮が独立国家をつくる過程でも大きな障害となり、南北分断という悲劇の遠因にもなったという。

植民地下の朝鮮では、天皇に直属する朝鮮総督が立法権・司法権・行政権を一手に持つ、まさに専制政治が行われていた。朝鮮人の民意を反映するための議会はもちろん、政党さえもなかった。朝鮮のすみずみまで警察（一九二〇年までは憲兵）が配置され、植民地行政を支えていた。ごく一部の朝鮮人が地方行政長官になるか、下級官僚として植民地行政にたずさわるか、形ばかりの「諮問協議会」の議員になることはあったが、これは植民地政策の実務を周辺で担当するにすぎなかった。

このような専制的な体制下で行われた朝鮮植民地政策をわかりやすく表現すると、一九一〇年代は

「土地よこせ」、二〇年代は「米よこせ」、三〇年代後半から四五年までは「人よこせ」「命よこせ」だったといわれている。一〇年代に朝鮮総督府は土地調査事業を通じて朝鮮人から土地を取り上げ、二〇年代には産米増殖計画を通じて、日本への米穀供給地にするため朝鮮農業を米穀モノカルチャー化した。三〇年代後半から四五年の戦争時期には、朝鮮人労働力を朝鮮内外に大量に動員して過酷な条件で労働させ、兵力動員により多くの朝鮮人を前線に送り込んだ。

また、韓国人にとって最も忘れられない植民地政策の一つが、朝鮮民族抹殺政策である。この政策は、日本語の強要、学校での朝鮮語の使用禁止、神社参拝強要、「創氏改名」による日本式姓の強要など、「日本人化」の名の下に朝鮮民族を「日本に忠実な皇国臣民」にしようとしたものだ。一九三七年七月、日中戦争全面化以降に、朝鮮人の戦争動員を目的に本格化した。「皇民化政策」とも呼ばれているが、朝鮮民族のアイデンティティーそのものを抹殺しようとした政策ということで、韓国では民族抹殺政策と言われている。

朝鮮民族抹殺政策だけでなく、植民地政策そのものが、根本的には朝鮮人の主体性を無視し、その存在自体を否定するものだったと言える。植民地支配の下では、ごく一部の朝鮮人上層部を除いて、朝鮮人は日本人に比べて様々な面で差別待遇を受けていた。朝鮮の文化や伝統は植民地支配に役立つものだけが許容され、それさえも都合のいいように歪曲された。また教育や政策を通じて「朝鮮人の民度の低さ」が強調され、自らを「日本民族に劣る民族」と思いこむよう強要され続けたのである。民族抹殺政策は、こうした基本政策が極端な形で現れたにすぎない。

一方、日本の支配に抵抗して独立をめざす民族解放運動が、朝鮮内はもちろん日本、中国、ロシア

1919年の三一運動を描いたレリーフ

など海外でも活発に展開された。この民族解放運動が日本の官憲によってどれほど徹底的に弾圧されたかは、ほとんどの韓国人がよく知るところだ。朝鮮人の独立運動家に対する弾圧や拷問のひどさ、残酷さは、独立記念館や西大門刑務所歴史館などにろう人形などで具体的に展示されており、小中学生も社会科見学などで見学しに行っている。韓国に来てこれらの展示を見学した日本人の中には、小中学生にはあまりにショッキングな内容ではないか、と驚く人も少なくない。しかし、たとえば三・一独立運動に参加して捕らえられ、日本人に拷問を受けた柳寛順《ユグァンスン》は、当時一四歳という今の中学生と同じ年齢だった。

一九四五年八月一五日を日本では「敗戦」「終戦」というが、韓国では「解放」という。日本の植民地支配から「解放」された日として、今日でも韓国では「光復節」という祝日になっている。また、植民地時代の苦難は、六〇歳以上の韓国人はほぼみな直接経験しているため、直接経験しなかった世代でもごく身近にこのような経験談に接することができる。ほとんどの韓国人が植民地支配の内実について具体的イメージを持っているのである。

このような植民地支配による独立後の韓国への影響は一般に「日帝残滓」と呼ばれ、韓国では主にマイナス面が強調されてきている。例えば韓国での人権侵害の法的根拠といわれる国家保安法は日本の治安維持法をモデルにしたものだ。また韓国語の中には、韓国人がそれとも知らずに習慣的に使っている日本語が今でも残っているが、これもまた植民地期の影響といわれる。

「貢献」という言葉は、質的評価であるがゆえに、与える側と受け取る側の信頼関係のもとで、双方がそれと認めてはじめて使える言葉と言える。少なくとも韓国の側では、大きくは政治体制から小さくは日常的な言葉の問題まで、「日帝残滓」は常に克服すべき対象であっても、受け入れてさらに発展させなければならない「貢献」ではなかったのである。

（庵逧）

（1）鄭泰憲『日帝の経済政策と朝鮮社会』ソウル、歴史批評社、一九九六年。

（2）姜万吉『書き直し韓国現代史』ソウル、創作と批評社、一九九四年。

未解決の労働力・兵力動員

二〇〇一年一〇月、韓国国会で「日帝強占下強制動員被害真相究明などに関する特別法」案が発議された。日本による植民地下でいわゆる「強制連行」（法案名からもわかるように、韓国では最近「強制動員」とも言う）された被害者・遺族やその支援団体、歴史関連の研究所、弁護士団体などが同法の「推進委員会」を二〇〇〇年九月に結成し、同法案を作成して国会通過のための運動を続けてきた成果だ。
この法案の目的は、強制動員による被害者について現在まで政府レベルでの正確な被害調査や真相究明のための対策がきちんと行われてこなかったため、法を通じてこれらを行うことで、被害者の人権回復および平和増進に貢献することにある。このように韓国では、強制動員の問題は戦後五〇年以上たった現在でも未解決の問題であるだけでなく、東アジアに平和な国際社会を作るという未来の問題としても認識されはじめている。またこうした運動の根底には、これらの被害に対して何の補償もしてこなかった日本政府に対する批判と同時に、それを容認し放置してきた韓国政府に対する批判も込められている。ここでは、こうした朝鮮人に対する労働力・兵力の強制動員の問題について見てみよう。

三六年間の植民地支配で最も収奪が激しかったのが、一九三七年七月の日中戦争全面化から一九四五年八月の日本の敗戦による「解放」にいたる、戦時期だった。「人よこせ」「命よこせ」という言葉に象徴されるように、日本は侵略戦争による労働力・兵力の不足を補うために、大勢の朝鮮人を労働者として、兵士として、日本や朝鮮の炭鉱・工場・建設現場や南洋方面などの戦場に動員した。

動員された朝鮮人の正確な数はわからない。敗戦直後に朝鮮総督府が核心資料の多くを焼却させたことなどもあり、体系的な政策資料の存在を確認できないでいるからだ。だが、部分的な資料をつなぎ合わせて計算したこれまでの研究によると、労働者として日本を中心とする朝鮮外に動員された人が一五〇万人前後、朝鮮内で動員された人が四五〇〜四八〇万人前後、軍要員としては三〇〜三七万人といわれている。(1)

こうした朝鮮人に対する戦時動員は、動員過程が強制的であったため一般的に「強制連行」と呼ばれている。そのため「強制連行」という言葉のイメージが先行し、いかにも無作為・無計画に行われたような印象を持っている人が多い。しかし、これらの動員は日本の国策として、計画的かつ体系的に行われた。

日中戦争が長期化し、日本国内で労働力不足が深刻になると、一九三九年六月以降、日本政府は総督府を通じて朝鮮農村から大量の労働者移入を実施した。朝鮮総督府は、まず労働力調査を行い動員可能な労働者数を調べ、戦時法令によって労働者の募集や雇傭、移動などをすべて総督府が把握できるようにした。その上で「募集」(人夫の募集を許可制にする方法。一九三七年〜)、「官斡旋」(各地方行政体に動員数を割当し、強制的に調達する方法。一九四二年〜)、徴用(「国民徴用令」により、動員に応じないと処罰する方法。一九四四年〜)と呼ばれる方法で、総督府の地方行政機関を通じて動員を行った。行政機関を通じての動員とはいえ、動員を直接担当した面という最末端の地方行政体(日本の町・村に相当)では、割当人数をこなすために警官を伴い強制的に行う場合がほとんどだった。

こうして動員された朝鮮人たちは、日本にある鉱山や軍需工場、港湾や鉄道などの建築現場などに連れて行かれ、劣悪な条件で長時間労働を強いられた。特に炭鉱などでは日本人がやりたがらない最も危険な仕事をあたえられ、事故による死傷者も多かった。逃亡を防ぐために寮という名のタコ部屋に詰め込まれ監視され、ほとんどろくな食事も与えられなかったという。また死亡や逃亡が多発したが、逃亡が見つかった場合にはひどい目に合わされた。賃金は日本人よりもはるかに安く、それさえも戦時中だといって強制貯蓄させられ、本人の手に渡らない場合もままあった。

戦争の拡大により消耗した兵力を補うため、朝鮮人の兵力動員も行われた。一九三八年の陸軍志願兵制度や、徴兵制の施行(朝鮮は一九四四年)により動員された朝鮮人たちは、「日本人の弾よけ」として前線に送られた。また兵士としてではなく、軍属として東南アジアなどの占領地に動員された朝鮮人もいた。このような兵力動員は、朝鮮内だけでなく、日本にすでに住んでいた朝鮮人も対象となった。このうち軍属として動員され、陸軍省の方針で連合国捕虜の監視にあたらされた朝鮮人は、戦後にアジア各地で行われたBC級戦犯裁判にかけられ、充分な審理が行われないまま一二九人が有罪、うち一四人が死刑となっている。

動員された朝鮮人の多くは戦後に帰国したが、様々な事情から日本に残る場合もあった。だが中には置き去りにされた人々もいる。いわゆる「サハリン残留韓国人」たちである。敗戦後にソ連領になったサハリンには、日本人が引き揚げた後も戦時動員された朝鮮人が約四万三〇〇〇人とり残され、韓国・ソ連が国交断絶状態だったため帰国はおろか手紙のやりとりさえもままならなかった。サハリン残留韓国人がようやく故国に帰ることができるようになったのは、八八年のソウルオリンピック以降で、その間多くが祖国に帰ることなくソ連で死亡した。

このような被害者たちの多くは、動員されたまま生死が分からない人々も少なくない。一九七〇年代になってようやく、在日韓国・朝鮮人やこの問題に関心を持つ日本人の呼びかけで、朝鮮人強制連行の記録を掘り起こす作業が日本各地で少しずつはじまった。こうした努力を通じて、戦前に作られたダムや港湾、工場のほとんどで、動員された朝鮮人たちが働いていたことが分かってきた。また文字通り骨身を削って働いた賃金だけでなく、強制貯蓄、強制購入させた債券のほとんどは、いまだに支払われていないのである。

一九九〇年代に入って、このような様々な被害を受けた韓国人や在日韓国・朝鮮人たちが、個人が受けた被害の回復や補償、真相究明などを求め、日本国家や企業の責任を問う訴訟を日本で展開する動きが急増している。いわゆる、「戦後補償裁判」である。これらの訴訟では、強制連行・強制労働の被害に対する損害賠償や、「国籍条項」「戸籍条項」によって韓国人や在日韓国・朝鮮人を排除している戦争犠牲者援護法による補償を受ける権利、朝鮮人・韓国人BC級戦犯被害の補償、未払いの賃金や強制貯蓄や債券の支払い、などが求められている。

ほとんどの訴訟で求められていることは、被害に対する損害賠償とともに、日本政府の責任を明らかにし、日本政府がこれを認めて公式謝罪することである。その「責任」の中身は、「戦争責任」だけでなく、日本が戦後長い間この問題を放置していたため、さらなる苦痛を被害者たちに与え続けていたことに対する「戦後責任」も含まれている。しかし、これらの裁判のうち、原告が勝訴したものはまだ一つもない。日本政府は、このような個人の請求権は一九六五年の「日韓請求権協定」で解決済み、との立場を変えていない。しかし、一部の裁判では、強制動員に対しては明らかに日本政府に責任があること、また戦後に日本政府がとるべき処置をとらずに放置し、被害を拡大させたことに対して責任があることを認め始めている。

日本は、戦前は朝鮮人を「皇国臣民」＝日本人として動員し酷使しながら、戦後は「日本国籍ではない」ことを理由に切り捨て、当然果たさなければならない責任や補償を行ってこなかった。それどころかこれらの事実に沈黙してきた日本に対して、被害者たちは戦後何十年もたってからようやくその被害の具体的な真相を証言し、補償を受ける個人の権利を主張する機会を得ることができるようになった。しかし、彼らの要求する補償はまだほとんど実現されていない。被害者たちにとって、この問題は未解決のままなのである。（庵逧）

（1）金ミニョン『日帝の朝鮮人労働力収奪研究』ソウル、ハヌル・アカデミー、一九九五年。

日本軍「慰安婦」の本質は何か

韓国では、かつて日本軍「慰安婦」として働かされた女性で、その被害事実を社会に公表した被害者たちを、「挺身隊ハルモニ」[1]、「慰安婦ハルモニ」と呼んでいる。「ハルモニ」とは「おばあさん」という意味だが、「慰安婦被害者」というよりずっと、親しみがこもったニュアンスを含んでいる。すでに七〇、八〇歳を越えた「慰安婦」ハルモニたちは、今でも日本政府の責任追求と国家補償を求める運動を続けている。

日本軍「慰安婦」とは、日中戦争やアジア・太平洋戦争時に、日本軍が管理・統制する「慰安所」で、繰り返し兵士たちの性の相手をさせられた女性たちだ。「慰安所」は、日本軍兵士による占領地女性の強姦や兵士の性病予防などを目的として、特に一九三七年の日中戦争全面化以降に、日本軍によって中国や東南アジアなどの占領地や、日本、朝鮮などに作られた。日本や植民地・占領地から多くの女性たちが「慰安婦」としてこうした「慰安所」に送られたが、植民地であった朝鮮でも「慰安婦」にさせられた女性たちは少なくなかった。「慰安婦」たちは、連れて行かれた「慰安所」で、きびしい監視や統制を受けるなか、毎日のようにたくさんの兵士たちの相手をさせられた。

朝鮮人「慰安婦」たちがどのように連れて行かれ、どのような状況で「兵士の性の慰安」を強要されたのかは、被害者たちによってさまざまである。貧しいため借金のかたに売られて行ったところが「慰安所」だったり、「女子勤労挺身隊」として工場で働いていたがあまりに辛くて逃げ出したところを捕まり、「慰安婦」にさせられたケースもあった。だが一番多いのが、「就業詐欺」と言われるケースだ。「いい仕事があるよ」「日本兵の食事や生活の世話だ」などとだまされて行ったら、兵士たちに強姦され、そのまま「慰安婦」をさせられるというケースは、韓国の「慰安婦」ハルモニたちのほとんどを占めている。このような「就業詐欺」を行った業者たちは、こうした「慰安婦」の募集や「慰安所」への移送にあたって日本政府や日本軍の指示や許可を得るか、軍に選定された上で行っていた。

しかし、このようなひどいしうちを受けた「慰安婦」ハルモニたちは、戦後長い間、家族にさえも「慰安婦」だった過去を言えず、心身に深い傷を負ったまま社会の底辺で苦しい生活を強いられた。家父長的な性的道徳観念が比較的強く残っていた韓国社会では、「慰安婦」ハルモニたちが被害事実を公表するのは、生やさしいことではなかったのである。やっとのことで祖国に帰っても、「慰安婦」という過去のため、結婚もできず一人で生きていかなければならない場合が多かった。また結婚しても過去を知られるや離婚されたり、家族から冷たいしうちを受けたりすることも少なくなかった。

こうした韓国の状況が少しずつ変わってきたのは、韓国の研究者・尹貞玉《ユンジョンオク》氏が一九九〇年初めに

「慰安婦」たちの被害や生活実態を新聞で告発してからだった。「被害者の口を閉ざさせてしまう韓国社会のあり方そのものにこそ問題がある」という尹氏の問題提起の直後、韓国では女性団体を中心として「韓国挺身隊問題対策協議会」（挺対協）が一九九〇年一一月に発足し、「慰安婦」問題の真相究明や日本政府の責任追及、被害者たちへの賠償を求めるなどさまざまな活動を展開しはじめた。また翌年七月には金学順《キムハクスン》ハルモニが韓国では初めて自らの被害を堂々と公開証言したことは、韓国社会に大きな衝撃を与えた。「やられたことがあまりにやるせなく、残酷だったので、一生胸に納めておくつもりだったけど……国民みんなが過去のことは忘れたまま、日本に頼っているのを見て、とても堪えられなかった」。こう語る金学順ハルモニの後を続いて、文玉珠《ムンオクチュ》ハルモニをはじめとする他の被害者たちも相次いで被害を申告していった。

挺対協の活動はめざましく、「慰安婦」問題解決へ向けて、日本政府や韓国政府への抗議・訴えかけはもちろん、この問題を国際的に広めていくのに大きな役割を果たした。韓国政府への働きかけにより、一九九三年には被害者に生活援助を行う特別法が制定され、「慰安婦」ハルモニたちへの医療援助や生活費援助などが実施されはじめた。また、挺対協主催で毎週一回日本大使館前で必ず行われる「水曜デモ」は有名だ。二〇〇二年三月で五〇〇回目を迎えた水曜デモは、阪神・淡路大震災の時に追悼と激励の意をこめて行わなかった一回を除き、雨の日も雪の日も休まず続けられている。

一九九二年には仏教団体や市民たちの援助により「ナヌムの家」が作られ、生活が不自由なハルモニたちのための共同生活の場となっている。「ナヌム」とは、「分かち合う」という意味だ。「ナヌムの家」には、一般市民たちに混じって大学生から小学生にいたる若い学生たちも、奉仕活動をしに訪ねて来る。また「ナヌムの家」の中には「日本軍『慰安婦』歴史館」が市民らの援助で作られ、「慰安婦」や「慰安所」に関する資料や、解決のための運動の展開過程、ハルモニたちによる作品などが展示され、開かれた教育の場を提供している。

「慰安婦」の問題に関して日本政府は、最初は国会答弁などで「慰安婦は業者が連れて歩いていた」と答えていたにすぎなかったが、軍や政府の関与を証明する資料の発見や独自の調査結果などを受けて、一九九二年には一転してこれを認めた。その後宮沢喜一、村山富市首相などが道義的立場から「謝罪」したが、一方で、「国とは関係ない」（一九九六年、奥野誠亮自民党議員）、「慰安婦は日本軍への奉仕を自慢に思うはず」（一九九七年、島村宜伸自民党議員）など、九二年以降にも日本の議員や官僚の間では問題発言が後を絶たなかった。また政府が援助金を出して「女性のためのアジア平和国民基金」を設立し、被害者らへの「償い金」支給を開始した。しかし「国民基金」が被害者に渡す「償い金」は国民の募金によるもので、国家責任に基づく補償とは性格が根本的に異なるため、「国家責任を回避するもの」と韓国や日本内外で批判が相次いだ。

「慰安婦」ハルモニたちが日本に最も求めているのは、「私たちの青春を返してくれ」ということだ。しかしそれは現実には無理な話だから、せめて日本政府が国としての責任を認め、それが言葉だけでないという証として国家次元で補償し、次世代にこの事実を伝えるためのきちんとした教育を行ってほしい。そして、もう二度と自分たちのような経験を娘たちに強いることがないようにして欲しい。それがハルモニたちの願いだ。ハルモニたちの努力と、韓国や日本をはじめとする多くの支援者たちの努力によって、日本政府もようやく少しずつその責任を認め、動きだしはした。しかし、いまだに国家責任を避けようとしている日本政府に対し、余生が長くはないハルモニたちの闘いは続いている。

（庵逧）

（1）植民地下の朝鮮では、一九四三年ごろに「半島女子勤労挺身隊」という動員組織が結成され、多くの女性がこの組織を通じて軍需工場に動員された。韓国ではごく最近まで、この「挺身隊」と「慰安婦」が同一のものと考えられて来たため、一般的には「慰安婦ハルモニ」を「挺身隊ハルモニ」と呼ぶことが多かった。

日韓条約には謝罪がない

一九九六年六月二一日、橋本首相の訪韓を翌日にひかえて、ソウルのタプコル公園で、太平洋戦争犠牲者遺族会の会員三〇人あまりが、「韓・日条約協定完全破棄」を叫んだ。「なぜ日韓条約の破棄を主張するのですか」、という私の質問に対する金正洙《キムジュンス》理事の答えは明瞭であった。「日韓条約では、日本が過去の歴史を認めなかったからです。」

日韓基本条約（「日本国と大韓民国との間の基本関係に関する条約」）は、前文と七条の条文からなっており、一九六五年に締結された。この条約には植民地支配に対する謝罪や補償については何も記されていない。過去の歴史については、ただ第二条に「一九一〇年八月二二日以前に大日本帝国と大韓帝国との間で締結されたすべての条約及び協定は、もはや無効であることが確認される」と書かれているだけである。この「もはや無効」の部分について、韓国政府は一九一〇年に調印された併合条約とそれ以前に調印されたすべての条約と協約が当初から「無効」であったと解釈、植民地支配の不法性を交渉当時から主張してきた。それに対して日本政府は、併合条約は合意によって締結されたため有効であったが、一九四八年八月一五日の大韓民国成立によって今では「無効」であると解釈、植民地支配は条約に基づく合法的なものであったため謝罪も補償も必要でないと考え、日本の植民地支配責任を否認していた。

日本の植民地支配下での韓国側の財産の損害と人的被害の補償については、基本条約と同時に日韓財産請求権協定（「財産及び請求権に関する問題の解決並びに経済協力に関する日本国と大韓民国との間の協定」）が結ばれた。この協定で、日本側が無償三億ドル・有償二億ドル・民間信用三億ドル以上を韓国側に「提供」し、日韓双方は、韓国側の「財産及び請求権」問題が「完全かつ最終的に解決されたこととなることを確認」（同協定第二条）した。つまり「経済協力」をおこなうことによって補償問題を封印してしまったのである。

以上のように、一九六五年に締結された日韓条約は、日本の植民地支配に対する謝罪と補償を欠いていた。一九六四年と六五年の韓国の野党・学生・知識人らによる大規模な日韓条約反対運動は、まさにその点を最も強く批判したのである。

その後、一九七〇〜八〇年代の冷戦体制と権威主義政権下の韓国では、日韓条約について正面から論ずることは許されず、韓国の人々の間には、日本が植民地支配への謝罪と補償をしないばかりかそれらを封印してしまったことへの強い不信感が残った。

ところが、そのような状況は一九九〇年代に入って一変し、日韓条約への批判が表面化することになった。その背景には、一九八〇年代の政治的民主化の進展と九〇年代初めの冷戦の終束、九一年の日朝交渉の開始、日韓両国での戦後補償運動の高まりなどがあった。

特に、日韓条約締結三〇年目にあたる一九九五年には、日韓条約の改正を求める動きが起こった。この年の二月に知識人や宗教家、市民団体が集まって「正しい歴史のための民族会議」を結成し、同会の共同代表は「日韓基本条約は、日韓併合条約が無効であることや植民地支配への謝罪、掠奪された文化財の返還などうやむやのままに処理した」という理由で、六月二二日に韓国政府に日韓条約の破棄と再締結を求める建議書を提出した（山田昭次「日韓条約の問題点を改めて問う」、石坂浩一・田中宏・山田昭次ほか『日朝条約への市民提言』明石書店、二〇〇一年）。

さらに、同年七月二六日に結成された在野の組織「韓日過去清算国民運動本部」は、真の意味での善隣友好関係を築くための当面課題として日韓条約改正を掲げ、翌年の七月二六日には「韓日協定改正案」を発表した。

光化門。うしろにあった旧総督府の建物が撤去され、背景の北漢山と調和した風景をなしている。

また、一九九五年七月一七日、金元雄《キムウォヌン》・諸廷坵《チェジョング》議員らは、「韓半島の植民地支配に対する責任を正当に問えなかった」日韓条約を廃棄し「韓国侵略と植民地統治に対する日本の謝罪と反省の意志」を明記した新しい条約を締結すべきだと主張し、一〇月二五日には与野党国会議員一〇六人が、日韓基本条約を破棄し新条約の締結を促す決議案を国会に提出した。

一方、日韓条約改正の方法についても様々な議論がおこなわれるようになった。最も頻繁に主張されたのは、日韓条約を破棄し新しい日韓条約を締結するという方法である。その他にも、日韓双方で食い違う解釈を統一する解釈改正という方法や、日韓条約の問題点を指摘し不十分な点を付属文書で補うという方法などが提起された。

さらに最近では、日韓条約の問題点が克服される形で日朝条約を締結できるように手助けし、最終的に朝鮮半島の統一国家が日本と新たな条約を結び実質的な日韓条約改正をおこなう、という長期的な視野に立った方法が注目されている。これは、二〇〇〇年六月に南北首脳会談が実現し南北の交流が活発になったこと、また日朝交渉も再開されたことから、有力な選択肢として浮上したのである。

今のところ日韓条約改正は実現していないが、一九九八年に注目すべき変化が起こった。同年一〇月、小渕首相と金大中《キムデジュン》大統領が「日韓共同宣言」を発表し、その宣言には、小渕首相が「わが国が過去の一時期韓国国民に対し植民地支配により多大の損害と苦痛を与えたという歴史的事実を謙虚に受け止め、これに対し、痛切な反省と心からのお詫びを述べ」、金大中大統領は、小渕首相の「歴史認識の表明を真摯に受け止め、これを評価する」と明記されたのである。

この宣言の中で日韓両政府は、日本側が植民地支配を謝罪し韓国側がそれを評価するという、日韓条約にはなかった新しい立場を表明した。これは、事実上日韓条約を改正したと考えられるものであり、そこに示された立場は日朝条約の締結においても動かしえない前提条件となった。韓国の人々は、この「日韓共同宣言」の内容を大きな変化だと考え歓迎したのである。

このように、日本の植民地支配の謝罪は共同宣言という形で実現されたが、戦後補償はいまだに封印されたままである。近年、戦後補償に関する裁判が急増している。韓国の人々は日韓条約の補償問題の封印を解こうとしているのである。植民地支配と侵略戦争の被害者は高齢化、すでに多くの被害者が他界している。日本政府は日韓条約を楯に補償を拒否しているが、今後日本と韓国が「和解と善隣友好協力に基づいた未来志向的な関係を発展させる」(日韓共同宣言)ためにも、また何よりも被害者のためにも、早急な補償の実現が日本側に求められているのである。

(太田)

Ⅲ・この「日本論」に注目！

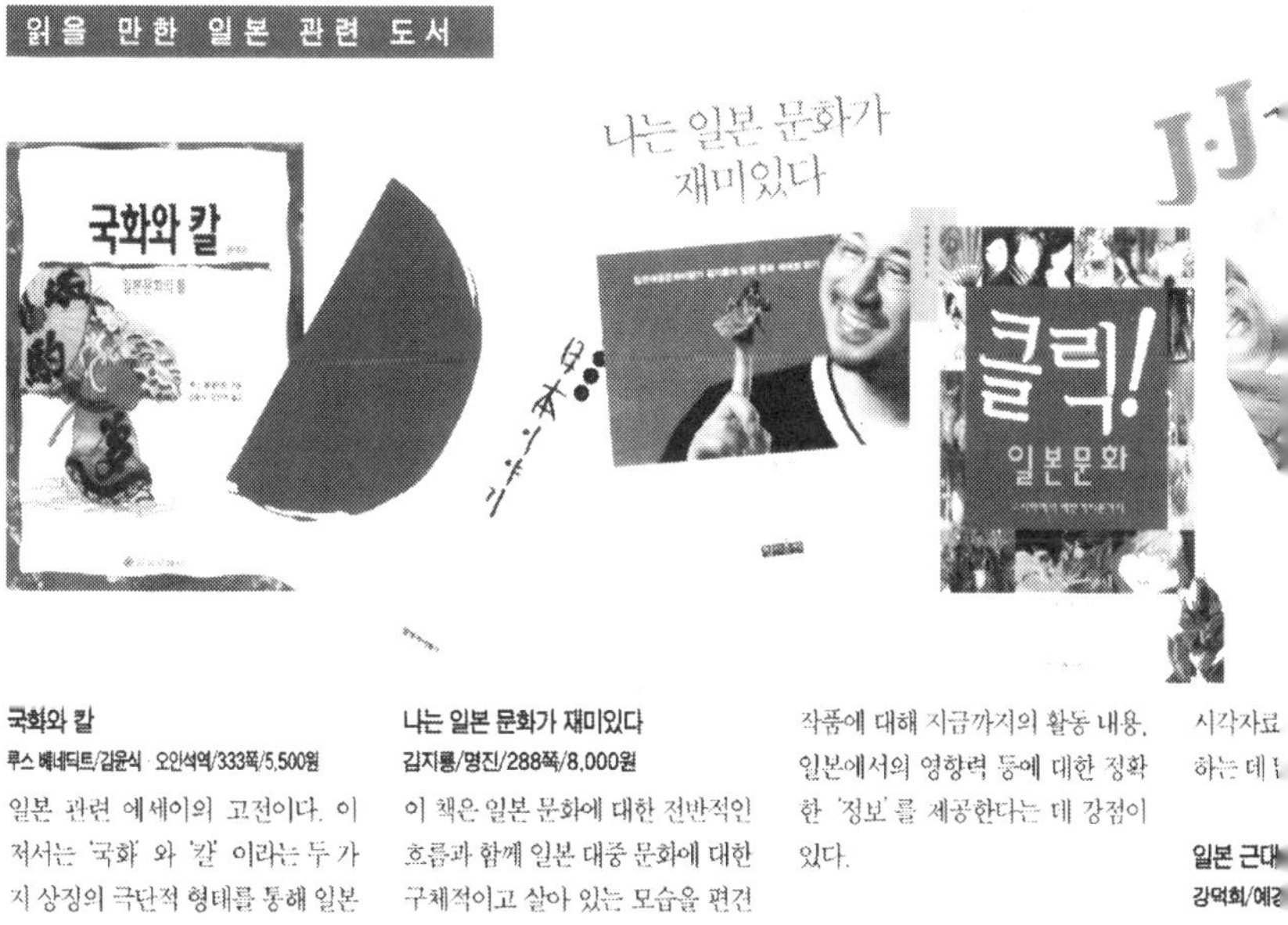

읽을 만한 일본 관련 도서

국화와 칼
루스 베네딕트/김윤식 · 오인석역/333쪽/5,500원
일본 관련 에세이의 고전이다. 이 저서는 '국화' 와 '칼' 이라는 두 가지 상징의 극단적 형태를 통해 일본

나는 일본 문화가 재미있다
김지룡/명진/288쪽/8,000원
이 책은 일본 문화에 대한 전반적인 흐름과 함께 일본 대중 문화에 대한 구체적이고 살아 있는 모습을 편견

작품에 대해 지금까지의 활동 내용, 일본에서의 영향력 등에 대한 정확한 '정보'를 제공한다는 데 강점이 있다.

시각자료
하는 데

일본 근대
강덕희/예

▲…日本文化の紹介はますます活発になってきた。

新しい韓国の日本論

石坂浩一

『われわれが注目すべき日本映画一〇〇選』

全雲赫

韓国映画の近年のめざましい躍進ぶりは日本でもよく知られたところだが、それと関連して韓国映画の視野の広がりが指摘されている。九〇年代前半までは韓国の映画監督の多くは外国映画に対する関心が今ほど高くなかった。その一方で大衆はハリウッド映画が大好きで、韓国映画はつまらないものと思っていた。ところが、その後に進出した若手監督たちは広い視野を持ち、同時代の成果を積極的に吸収、作品に生かすようになり、大衆の韓国映画回帰の一因となったのである。それを象徴するのが、釜山国際映画祭（九六年から）、富川ファンタスティック国際映画祭（九七年から）などにほかならない。

本書も韓国映画界の積極性を示してくれる一冊といっていいだろう。タイトルの通り、日本映画べスト一〇〇について、紹介に重きをおいて書かれた本である。では、ベスト一〇〇にはどんな監督が入っているのか。とりあげた作品数とともに示すと、黒沢明が八、小津安二郎が三、溝口健二が一、今村昌平が二、大島渚が四となっているのに対し、八〇年代以降の監督として伊丹十三が七、北野武が七、岩井俊二が六、周防正行が四。もちろん、韓国の観客が若い人を中心に構成されているのを反映し、新しい作品の紹介が多いのだが、ここから韓国人の日本映画に対する関心のありようを見てとることもできる。

　黒沢ら巨匠とされる人たちを除くと、まず北野武と岩井俊二への関心が高い。このほか、「リング」の中田秀夫、「ひみつの花園」の矢口史靖、「月はどっちに出ている」の崔洋一、「双生児」の塚本晋也、「金融腐食列島呪縛」の原田真人、「MONDAY」のSABU、「眠る男」の小栗康平は三点があがっており、やはり関心があるので紹介も多い。ほかに若手として、河瀬直美・是枝裕和・黒沢清・中野裕之・三池崇史・三谷幸喜・阪本順治・青山真治・橋口亮輔ら、中堅からベテランは森田芳光・山田洋次・大林宣彦・石井聰互・市川準・井筒和幸・降旗康男・深作欣二らが出ている。

　こうしてみると、かなりよく網羅しているといえるだろう。この間、韓国の映画祭で上映されたり、ビデオが流通したものを対象に本書は書かれている。だから、逆に新藤兼人や浦山桐郎は入っておらず、井筒和幸は「ガキ帝国」がないのに、釜山国際映画祭で上映中に機械が故障、エピソードを残した「のど自慢」が入っている。大林宣彦は尾道三部作はなく「ふたり」と「あした」、市川準は「大阪物語」のみ。韓国の映画界が選んできた日本映画をここから知ることができ、この一〇〇本のタイトル自体に意味があるように思う。同時に、著者が自分の見たものでもって書いているところに好感が持てる。

さて、もう少し中身の議論に入ろう。たとえば、岩井俊二の「ｕｎｄｏ」については、次のように評されている。

「画面を支配するからっぽの空間は彼女の内面における空虚さを雄弁に物語る。殺風景なほどに最小限の家具さえ目につかない空間が、彼女の絶望感をさらに高めるのである。岩井はまるで画面のすみずみまで、新しい実験対象としているようだ。だが、彼の長所はこの非現実的で逸脱したナラティブと正常ならざる画面配置を全く無理なく描き出しているという点にある」

あるいは同じ岩井の「スワロウテイル」は「奇想天外な想像力」「目一杯磨きぬかれたイメージとスピード感のある編集、そして時間の中で透明な線を描く喪失感」をたたえた「二一世紀風映画作法」と高く評価されている。

日本ではそれほど大衆的に見られているわけではないが、韓国の映画好きに人気のあるのがＳＡＢＵや塚本晋也といった監督たち。たとえば、ＳＡＢＵの「ＭＯＮＤＡＹ」については「映画全編を超現実的な雰囲気で包み、現実からの脱出をはかる現代人の内面をよく形象化」「現代人の抑圧が噴出する最後の脱出・復讐劇には都会の集団的自我を巧みに皮肉る視線が込められている」と評価。

カンヌで二〇〇〇年度国際映画批評家連盟賞を受賞した青山真治の「EUREKA」が「世界の映画版図をぬりかえた輝けるミレニアムの傑作」とされているのは少し驚いた。この賛辞は的はずれとは決して思わないが、韓国の批評家からいわれるとは考えなかった。なお一〇〇選としては「リング2」「死国」「うずまき」は余計な気がする。

著者の全雲赫は雑誌の記者として仕事をしながら日本映画をフォローしてきた若手。日本映画については金炯錫『日本映画の手引——黒沢明から宮崎駿まで』（九九・一）やイ・ビョンダム『きみ、日本映画をどう見たかね？』（二〇〇一・二）が出ているが、前者は文献を読んで書いたという日本映画の通史的紹介で、後者は一九編の日本映画についての紹介と批評。韓国において本格的な日本映画批評が出る日も遠くはないことをあらためて感じずにはいられない。

（サムジン企画、二〇〇〇・一二）

イ・ミョンソク……『日本マンガ遍歴記』

あんまり本に帯というものをつけないのが韓国の出版界の傾向だが、この本は赤い表紙に黄緑の帯がついていて、そこに「死ぬまでに必ず見ておきたい日本マンガ五〇」とうたわれている。タイトルの通り、著者がおすすめの日本のマンガ五〇を紹介・批評するのがこの本である。著者のイ・ミョンソクは一九七〇年生まれでソウル大哲学科卒、九五年に書評誌『パピルス』に「世界マンガ紀行」を連載して以来、マンガについての文を書き始め、雑誌『イマジン』の記者として日本のマンガ界を集中的に取材したこともあったという。

三〇〇ページほどのこの本は、どんな日本マンガを遍歴しているだろうか。節ごとにシンボリックな見出しがついているので、以下に紹介してみよう。

愛　いがらしゆみこ「キャンディ・キャンディ」、竹宮恵子「風と木の詩」、高橋留美子「めぞん一刻」、萩原望都「残酷な神が支配する」、江川達也「東京大学物語」、安野モヨコ「ハッピー・マニア」

人生　西岸良平「夕焼けの詩」、弘兼憲史「課長島耕作」、さくらももこ「ちびまる子ちゃん」、釈英勝「ハッピーピープル」、山下和美「天才柳沢教授の生活」、谷地恵美子「サバス・カフェ」

楽しみ　藤子不二雄「ドラえもん」、小林まこと「What's Michael?」、田中政志「GON」、いがらしみきお「ぼのぼの」

笑い　魔夜峰央「パタリロ!」、とり・みき「遠くへいきたい」、古谷実「行け!稲中卓球部」、うすた京介「すごいよ!マサル」

闘い　ちばてつや「あしたのジョー」、あだち充「タッチ」、田中誠「ギャンブルレーサー」、井上雄彦「SLAM　DUNK」、福本伸行「賭博黙示録カイジ」

冒険　モンキーパンチ「ルパン三世」、吉田秋生「BANANA　FISH」、浦沢直樹「MASTERキートン」

歴史　白土三平「カムイ伝」、池田理代子「ベルサイユのばら」、池上遼一「sanctuary」、岡野玲子「陰陽師」
人間　手塚治虫「ブッダ」、岩明均「寄生獣」、木城ゆきと「銃夢」、樹なつみ「OZ」、士郎正宗「攻殻機動隊」
幻想　水野護「The Five Star Stories」、松本零士「銀河鉄道999」、清水玲子「月の子」
死　永井豪「デビルマン」、中沢啓治「はだしのゲン」、宮崎駿「風の谷のナウシカ」、大友克洋「AKIRA」、望月峯太郎「ドラゴンヘッド」、沙村広明「無限の住人」
超越　つげ義春「ねじ式／紅い花」、古屋兎丸「Palepoli」、松本大洋「鉄コン筋クリート」、CLAMP「CLOVER」

このマンガのタイトルを見ただけでも、ちょっとすごい。私の知らない作品も少なくない。かなりよく読んでいる証拠である。著者は、ここに紹介するのはBEST50ではない、と断っている。この五〇作品に劣らぬものは少なからずあるが、日本マンガの多様な世界とすぐれた技法について語るのにふさわしい作品を選んだという。そして「日本のマンガ固有の美学がどのようなものなのか、西欧のマンガとどのようにちがうのか、考えてみたい」と本書の趣旨を述べている。

序文に書かれている筆者の姿勢は興味深い。少年時代、日本の作品と知らずに「ルパン三世」や「ブッダ」を海賊版で読んだが、中学に入る頃には全斗煥政権の社会浄化措置でマンガ屋から日本マンガが消え少し疎遠になった。やがて八〇年代末に大学に入ると、大統領が殺人者だったといって糾弾されており、学生運動代表の林秀卿や作家の黄皙暎が北朝鮮に行き、そこにも人間が暮らしているのだと伝えて、それまで大人から教えられた価値観はゆらいだ。とどめをさしたのが、「キャンディ・キャンディ」も「マジンガーZ」もみな日本のものだったという事実。

「敵だと信じていた北がわれわれの兄弟なら、韓国のマンガと信じていたものが日本のマンガだというなら、マンガもまた『子どもの見る幼稚なガラクタ』ではなく『大人が楽しむ高尚な芸術』となりうるのではなかろうか」

ほどなく韓国では文化産業が投資の対象となって、若いマンガ家が作業室ひとつ持てない一方で、第二のディズニーや宮崎駿を生み出すのだと札束が乱れ飛んだが、よい作品は生まれなかった。筆者はあらためて日本のマンガの海にひたり探求した。産業、市場の数字の大きさは確かに日本のマンガを見る上で重要だ。だが「日本ではそれだけの激しい競争、マンガ芸術に対する惜しみない愛着があってこそ、輝かしい傑作が生まれえた」のではないか。

日本のマンガは暴力的・煽情的だという人たちがいるが、多くのそうした人は日本のマンガの表現についても、マンガそのものについても、あまりにも知らない。不幸なことに、韓国に入ってきている日本マンガはドギツイものが少なくなく、海賊版はまだしも作者名も落として流通しているものさえある。限りなく広いマンガの海の中から、これを読んでほしいと書かれたのが本書だ。日本のマンガが韓国のマンガに与えた影響や同時代性についてきちんと述べた、内容的にも秀れた一冊である。当然といえば当然だが、引用図版にきちんとクレジットがついている点が、二一世紀的な日韓関係の礼節を示唆している。

（ホンデザイン、一九九九・一二）

パク・イナほか……『アニメが見たい』

表紙は綾波レイ、裏表紙（表4）は碇シンジ。『新世紀エヴァンゲリオン』のインパクトが日本から韓国に伝わったようすを象徴する装幀の本だ。タイトルも、「アニメ」は韓国語で「エニメイション」であるにもかかわらず、あえて日本語式に「アニメ」という音を掲げている。

この本を出した出版社の教保文庫（ソウル・光化門にある有名書店が出版部門も運営している）はアニメーションやマンガについての本を何冊か出しており、これもその一冊。著者はマンガ・アニメ専門ライターのパク・イナら。

パク・イナは序文で次のように書いている。

「多くの人たちは、アニメをテレビアニメと宮崎駿の作品程度のものと考えている。こうした誤解を払拭するための努力がないわけではないが、おおかたの場合、一部の情報だけで一知半解のアニメ理解にとどまっている現実がある。（中略）アニメの長い歴史、膨大な作品を通じてこそ、創作の世界が決して一瞬にしてなったものではないことを、人びとは学び取ることができるだろう」

もう煩雑なので以下は傍点はつけないが、簡単に日本のアニメーションのすべてがわかったような気になってはいけない、ということだろう。続いて、こう述べられている。

「われわれはあまりにたやすく、すぐにすべてを得ることができるだろうと考えがちだ。こつこつ努力せず一気呵成にというやり方は、結局韓国のアニメーションの育つ土壌を荒廃させてしまう」

そこで、この本の目的はふたつ。ひとつは韓国のアニメーションが生き残るための参考とすべく、歪められることのない日本アニメーションの概論的情報を提供すること。もうひとつは、著者の子ども時代に心をとらえたアニメーション、とりわけ日本のアニメーションについての偏見を解消することである。

本書の構成は次のようになっている。

ブコメディー／イシュー：女神の全盛時代

Ⅳ

第五章　夢の製作所に来たれ　宮崎、空と風と飛翔／隠れた名前、高畑／イシュー：ポスト・ジブリのインフラ

第六章　押井のスペクトル　メディアを飽食する世代のKIDS／夢と妄想と観念／押井の写実的近未来の世界

第七章　アニメの物語は続く　角川書店とりんたろう／大友克洋の世界／新たな話題、ガイナックス／イシュー：エヴァ、オタクとシンクロする

目次からわかるように、本書の流れはオーソドックスなものだ。日本のアニメーションについて時代を追って通史的に解き明かす形である。しかし、ここで著者が注意を喚起するのは、米国人が自分たちのアニメーションとはちがった日本産の商品として「ジャパニメーション」というネーミングをし、韓国でもその言葉が広く知られるようになったが、日本のアニメの真価は米国の視角だけではとらえきれないという点にほかならない。そのことは序章にも述べられているが、たとえば手塚治虫の評価をめぐっても明らかになる。

　大学教授のイ・ウォンボクは「ディズニーが残した作品が芸術性にあふれる不朽の名作であるのに比べ、

手塚治虫の作った作品は商業的で興味本位の娯楽作品」だとしている（『世界のマンガ、マンガの世界』一九九二）が、本書は次のように批判する。

「もちろん、手塚はディズニーの長編アニメーションを通じて芸術的霊感を得た。だが彼の作品は徹底して手塚式だった。彼が試みたテレビアニメシリーズはディズニーの長編アニメーションに比べ、ずっと低価格で制作された。制作費を減らすためセル画の枚数を格段に少なくし、それをカバーする新たな技術を発展させたのである。限られた動きを補完するため、よく練り上げられたストーリーを構築したのだ。米国の短いテレビアニメーションシリーズの大部分が追いつ追われつのハプニングの連続だとすれば、日本のアニメは巨大な叙事構造をそなえている」

本書は世紀末に日本の若者をとらえた「新世紀エヴァンゲリオン」が韓国の若者をも魅了したという記述でしめくくられている。とりたてて日本のアニメを称賛しているわけではなく、光も影も、作品性から産業面に至るまで、よくまとめている本だ。

二〇〇一年六月にソウルのインディペンデント映画祭で韓国の短編アニメーションを見る機会があった。技術の面、発想の面ではとてもすぐれた基盤が形成されてきていることを感じさせられた。私たちも早く面白い韓国「アニメが見たい」ものである。

（教保文庫、一九九九・一）

朴元淳……『朴元淳弁護士の日本市民社会紀行』

二〇〇〇年初春、総選挙に向けて韓国のいろいろな市民団体が協力、議員にふさわしくない人びとを当選させないための、いわゆる落選運動を展開したことは記憶に新しい。この運動の中軸になったのが「参与連帯」という市民団体だが、九四年に参与連帯を結成して以降一貫して先頭に立ってきた人物が弁護士の朴元淳である。

朴元淳は一九五五年生まれ、人権弁護士として活躍し八九年からは国家保安法を批判する『国家保安法研究』を上梓（Ⅲまで刊行）。いち早くラディカルな市民運動の必要性を予測していた。その朴元淳が二〇〇〇年九月から一一月にかけて約三カ月間、日本の国際交流財団と国際文化会館が共同で招請する「アジア・リーダーシップ・プログラム」を活用して来日した。そして、九州から北海道まで日本の市民運動を津々浦々見て歩いた。本書はその記録で、ひとつひとつの内容は韓国の読者に日本の市民運動や、それにたずさわる個人、関連団体の概要を説明するものである。そうした個別的な記録の中にも筆者の日本人、日本社会に対する見方がちりばめられていて興味深い。章立ては次のようになっている。

第一章　出発！日本NPO紀行
第二章　実験の大地？試練の大地？
第三章　東京と近郊の市民団体（一）

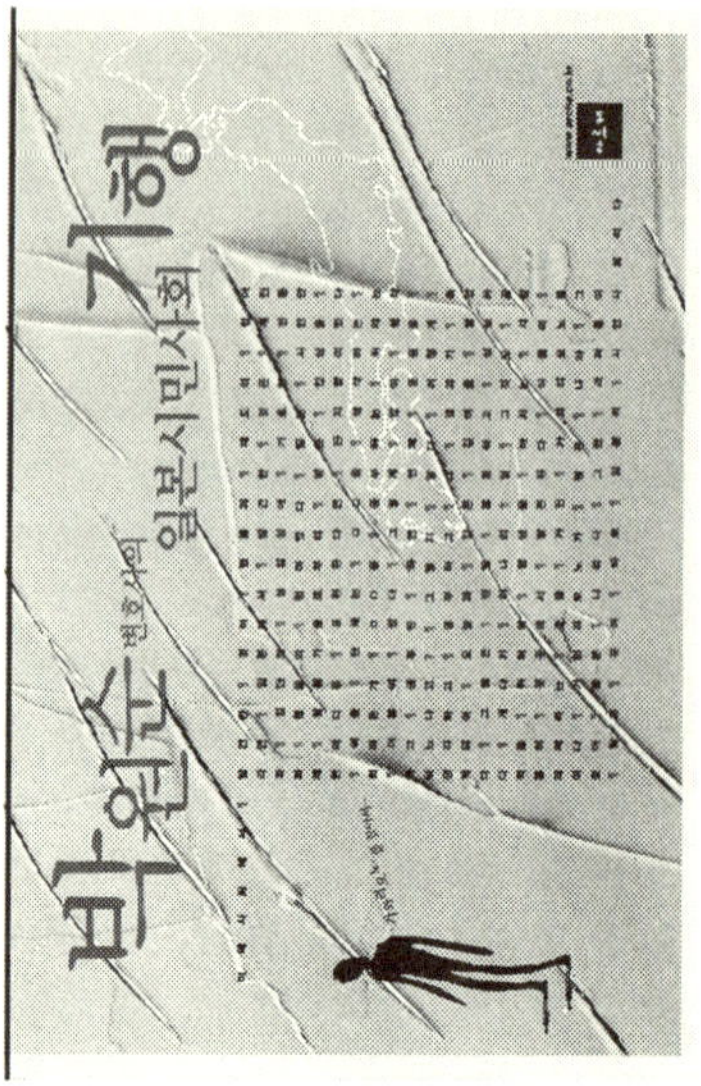

中部地方が長野に限られていて少し手うすだが、三カ月という限られた時間を考えると、よく回ったというべきだろう。序文が著者の姿勢をよく示している。

「われわれは日本の市民運動に関して少なからぬ偏見を待っている。われわれに比べ日本の市民運動は見るべきものがないという考え方だ。だがそれは高慢というものである。日本社会はいろいろな制約や限界を明らかに持っているが、やはり韓国よりは成熟した市民社会を発展させてきた。（中略）米国社会で発見したのが法律と制度の力だとすれば、日本社会で発見したのは個人と集団の誠実さに基いた伝統と協同の力といえる。日本で最もよく使われる言葉に『町作り』というのがある。韓国の場合は植民地化と分断、戦争と独裁、セマウル運動のような乱暴な開発で消えてしまった地域社会を、日本はそのまま温存・発展させている。韓国の農村と地域社会は疲弊し崩壊したが、日本の農村と地域社会は健全に息づいている。それが変化への制約にもなるのだが」

引用が長くなったが、これは重要な問題提起であろう。日本人は一般的に韓国の人間関係は相互の距離が近く濃密なものだという印象を持っていないだろうか。しかしながら、農漁村地域の住民運動などを考えてみると、むしろ日本のほうが粘り強いといえるかもしれない。もちろん、長く続いた抑圧的な政治も一因だが、民主化が進んできた今だからこそ、日韓の社会の比較も深みのある分析が可能なはずだ。

また、韓国の活動家のあいだでは、日本はどうして「○○を考える会」とか「△△を学ぶ会」といった名称の団体が多いのか、どこにそんなたくさん考えることがあるのか、といった声がよくきかれる。これも、よく準備しよく記録し反省会をきちんと行なうという日本の市民運動の誠実な個性の反映だと著者は指摘する。

日本の市民運動は小さなことには執着し力を注ぐが、社会全体を変える運動が不足している、という日韓でなされた批判に著者は同意する。だが同時に、韓国で落選運動が成功したといっても、政治の実体はどれだけ変わったのかと著者は問う。地方分権を実質化し小さなところから変わっていくことも大切だ。お互いの長所は長所として評価していこうとするのが朴元淳の基本スタンスなのである。

著者が訪問したところは単に市民団体だけでなく、日弁連や神奈川県民センターのような市民活動をサポートする自治体の施設、マスコミなどが含まれている。また、神奈川の生活クラブ生協からコープ神戸まで、生協も複数訪問した。参与連帯は、専門的に取り組むしっかりした団体の確立している環境を除いては、ほとんどあらゆる分野の問題に取り組んでいるので、このようにあらゆるNGOを見ておこうという方針になったのだろうが、何かを掘り下げて観察する日程ではなかったようだ。

大都市から水俣に定着して住むようになった人たちのことが紹介されているのは、日本における水俣の重みを伝える上で意義が大きかったろう。一方、高齢でも頑張っている人の話は出てくるが、介護保険に関する取り組みは著者の関心が高くなかったせいか触れられていない。

アジア女性資料センターの松井やより代表を訪ねた際、韓国の女性運動はあまりに中央集権的ではないのかといわれ、また韓国の運動家が国際会議などで時としてナショナリスティックにすぎると批判されたことを首肯し書きつけている著者は、私たちにとって本当に信頼できる隣人であろう。

なお本書と前後して鄭鎮星《チョンジンソン》『現代日本の社会運動論』（ナナム出版）、李時載《イシジェ》編『日本の都市社会』（ソウル大学出版部）が出た。

（アルケ、二〇〇一・五）

申尚穆……『日本はワニだ』

著者が一九七〇年生まれの外交官という点で注目されるのがこの本である。本に出ている写真を見ると若き好青年といった印象の著者は九六年度外交官試験に合格、本の出た二〇〇一年には早稲田大学に研修留学中であるという。

日本を評した本がたくさん出ている中で、また新たな一冊を加える理由を筆者はみっつあげている。ひとつは日本に対するバランスのとれた視点の必要性ということで、日本への関心が高い中できちんと知ろうという努力は必ずしも充分といえない面があるため本書を世に問うた。もうひとつは、韓国で見る日本と日本で直接暮らしてみて感じる日本とは大いにちがうことに気付いたからである。今やインターネットを通じ韓国にいながらにして日本の情報を得るにはことかかないが、実際その中にいると、日本から学ぶべき点も、学んではならない点も、思いのほかたくさん発見されたという。第三は、やはり『新しい歴史教科書』をめぐる衝撃であった。この事件に直面するまで、筆者は韓日関係は安定したものと考えていたが、今となっては自分がどれほど純情で洞察力がなかったかを思い知ったというほど筆者は考えさせられた。韓日は当分のあいだ、かなりの相互配慮・理解に努力することが求められるが、よりカギを握っているのは日本である。にもかかわらず、日本は前向きな姿勢を保つことは簡単ではないようだ、と筆者は憂慮している。

さて、本書の内容だが、全体が九章からなり、それぞれ次のようなタイトルが付されている。

イメージ1　超強力スーパーウルトラ保護膜／イメージ2　無敵の飽食者／イメージ3　ワニとダンスを？／イメージ4　ワニの涙／イメージ5　ワニのジレンマ／イメージ6　ワニの皮／イメージ7　ワニの微笑／イメージ8　進化の頂点に立った最強の生物／イメージ9　強化される超強力スーパーウルトラ保護膜

では、なぜ筆者は日本がワニだというのか。単にどう猛に見えるという一般的イメージだけでなく、興味深い進化の歴史を秘めた生物だからという。またトマス・ホッブズの有名な「リヴァイアサン」も単なる想像の怪物ではなく、ワニにたとえたものと解釈されており、さらには旧約聖書の「ヨブ記」に登場するリヴァイアサン、人間が恐れる世俗の強大な力の象徴と今日の日本は驚くほど類似してい

る。その意味は本文を読み進むとわかっていく。

まず、日本はワニが生まれつき固い皮で守られているように、「ニッポン精神」という保護膜に包まれていると筆者は考える。「ニッポン精神」というと何か国粋主義のように聞こえるが、そうではなくて、中国に対する劣等感と優越感、西欧への憧憬と拒否感が混在した、自分たちは東洋にも西洋にも属さないというアイデンティティの不安の上に、外のものを拒否する孤立的な性格のことだ。外部を警戒し閉じこもるという面では自己充足的だが、一方で常に外部との関係を不安に思っているため、国粋的な方向に誘導される可能性も持つ。

この規定は面白いが、著者自身「ニッポン精神」を国粋主義的なものの意味で使っているところもあり、少し疑問も残った。著者は在日外国人地方参政権反対論などの意見によく目を通しているようだ。長谷川慶太郎・佐藤勝巳共著の『朝鮮統一の戦慄』は南北首脳会談を「悪魔と詐欺師が抱き合った」と表現しているが、「やっと五〇年ぶりの会談を成功させたふたりの首脳を悪魔と詐欺師といって公然と愚弄する人間たちが日本にはまだ厳然として存在するというのは本当に戦慄すべき」と評している。

日本は経済的発展をとげたが、日本人は現代社会のストレスに悩まされている。著者は中古車売買の情報誌を例にあげるが、アナログ水準でとても便利な社会を作り上げたため、情報通信の普及の必要性を庶民があまり感じず、デジタル化は、特に教育面で立ち遅れを生んだ。あまり詳しく展開されていないが、周囲の状況が大きく変わらなければ生き残れるが大きな変化には適応が上手でないといった日本人の弱点の指摘も、韓国との比較で考えれば面白いだろうが、敷衍されていないのは残念。本書の論の進め方は論理的で、印象だけに頼らず文献的根拠もあげつつ書かれている。『日本はない』といった本が勢いを得ていた当時から一〇年もたっていないが、そのレベルアップには歴然たるものがある。

著者は自分の国についてはウサギにたとえる。長い耳でまわりの状況をよく察知し、発達した長い足が上に登るのには適していても降りていくのには不便なように適切な方向性を選択しなければならない。同時に「ウサギとカメ」にあるように慢心をいましめることも韓国人にとって大切だという。

それにしても筆者が憂慮するのは日本のこれからだ。頑強な右翼は少数とはいえ、それをおさえる勢力がないのが心配だと述べている。日本の国際的信頼がそこなわれるような行為が続かないように望む韓国人は筆者だけではなかろう。

（インブックス、二〇〇一・七）

『歴史批評』第五〇号特集……………「日本の天皇制と過去の清算」

「日帝下の民族解放運動の過程で左右を問わず天皇・天皇制廃止のために直接努力したことは特に

なかった。それは朝鮮人が天皇と天皇制を認めていたからではない。朝鮮の独立と新たな国家の建設を願う朝鮮人にとって日本の天皇と天皇制はそれほど重要な問題ではなかったし、朝鮮の独立と直接関係のないことだったからである。朝鮮人は天皇制を日本帝国主義と同一なものと理解し、天皇は日本帝国主義の形式的な最高権力者と見ていた。従って、日本帝国主義に反対することはすなわち絶対主義天皇制に反対することでもあった」。

高麗大学講師のピョン・ウンジンが「植民地朝鮮民衆の天皇認識」という論文で述べている一節である。これまでの韓国側の歴史研究においては、こうした見解はオーソドックスなものであるといえよう。いいかえれば、天皇制というのはどこまでも韓国人にとって理解できない他者であったということだ。もちろん、大枠においてはそれは事実である。植民地支配の有形無形の強制力のもとで、朝鮮民衆は上からの命令に従うような素振りを見せても内心は舌を出していたにちがいない。

しかし、それならどうして韓国の歴史学者が今になって天皇制研究の特集を組むのだろうか。二〇〇〇年、韓国の進歩的な歴史学者たちの拠点となっている季刊『歴史批評』第五〇号は「日本の天皇制と過去の清算」という特集を掲げた。その内容は次のようなものである。

キム・チャンノㇰ「韓国から見た天皇制」
金石範「在日朝鮮人は『天皇』訪韓をどう見るか」
イ・ゲファン「日本の前近代国家の性格と『天皇』」
パク・チヌ「近代天皇制と日本軍国主義」
ピョン・ウンジン（補論）「植民地朝鮮民衆の天皇認識」

全体を総括する論文を担当した釜山大のキム・チャンノク教授は、植民地支配を行った日本を理解するためにも、また第二次世界大戦後の日本を理解するためにも、天皇制を知らねばならないと主張する。ところが、実際には「これまで韓国では天皇制への感情的な排斥の声は高かった反面、学問的研究はあまりに少なかった」とし「従軍慰安婦」問題の真の解決と天皇訪韓への対応のしかたを考えるために、天皇制をきちんと分析したい、とこの特集を組んだ意図を述べている。評価すべきところであろう。

法学が専門のキム・チャンノクは戦前の「神権天皇制」と戦後の象徴天皇制を比較、皇室の存在が維持されたという連続性の面を指摘する。そして、日本政府は「国体の意味」をかえることにより「国体」＝皇室そのものの存在を守ったのだと整理する。天皇制の連続はすなわち戦前と戦後の日本の連続を意味するから、天皇は免責され過去の侵略の歴史の清算もむずかしくなる。

「韓日間の過去の清算は解決しなければならない『懸案』である。ところが、その解決を妨げている重大な障害物が天皇制の連続である。だとすれば、われわれは天皇制の連続を清算しなければならないのである」

キム・チャンノクはこう結論的に述べ、二〇〇〇年末の女性国際戦犯法廷への期待を表明する。そして天皇の訪韓は阻止されねばならないとする。以上の論は市民運動の論理としてはわかるが、制度史や思想史の議論としては大ざっぱというべきだろう。そもそも象徴天皇制の機能や意義が全く述べられていない。天皇が政治の前面に出ず、従って責任もとらないという象徴天皇制の機能を考えねば日本現代史や社会イデオロギーの分析はできないはずだ。

そのために、結論には飛躍がある。キム・チャンノクは「天皇制の連続を清算」してこそ過去の清算が解決するという論理になってしまっている。現実的には政治上の個別課題として（たとえそれが重要でも）植民地支配の歴史の清算は、天皇制の変化以前に解決されるべきではないだろうか。

イ・ゲファンの前近代の天皇制についての論文は、日本における研究史を手がたく把握しているように思えたが、専門外の時代なので評価は留保しておこう。明治から敗戦までを扱ったパク・チヌの論文は、天皇制が軍国主義といかに深く結びついているかを述べたものだが、これも特に斬新な内容はない。天皇が敗戦に際して責任をとらなかったことが戦後日本の思想状況を生んだ点など、同意すべきところは多いが、これまでも語られてきた内容である。

『歴史批評』が特集を組むからには、①親日派の問題と関連しての天皇制の対外的な機能・運動やその傷あと、②象徴天皇制と日本現代史の中の思想状況、力関係、という二点についてはもう少し掘り下げられなかったのかと残念に思う。小熊英二の仕事など、あまり参照された形跡がない。

韓国史研究自体は社会史の研究もふえて近年は面白い成果が多い。そうした動きが日本史研究にあまり生かされていないように感じられるのは残念だ。この項は「新しい日本論」にはならなかったかもしれない。

『クリック！日本文化』……キム・ウィチャン、キム・ボンソク

（歴史批評社、二〇〇〇・二）

別稿「韓国人の日本観」でも触れたように九八年に日本の大衆文化開放に合わせてたくさんの日本文化紹介本が出た。私たちが社会評論社から『韓国人から見た日本』を出したのが、ちょうど金大中政権の発足した九八年二月だから、この日本文化本ブームについては触れられなかった。そこで、このブームの中でもしっかりした内容を持つ本として『クリック！日本文化』を紹介しよう。

「ゴジラからエヴァンゲリオンまで」という副題のついたこの本の著者キム・ウィチャンは元『シネ21』記者の映画評論家、キム・ボンソクは同誌の記者として在職中。年齢は出ていないが、若手の記者なのだろう。本書の企画は九七年末に立てられ、九八年一〇月に出版に至っている。

序文の一節がこの本の説明として適切だろう。

「一億を越す人口が楽しむ文化にふさわしく、日本の大衆文化はとても幅広く、その歴史もまた短くない。日本大衆文化のすべてを一冊の本で解き明かすのはむずかしいことだ。また、この本の意図もそこにはない。著者は各分野の代表的な作品と人物のキーワードを選び、映画、アニメーションなどに分類、その意味と日本大衆文化の中で占める位置を説明した。一冊で日本大衆文化の流れと特徴、そして概略的な青写真をつかめるよう配慮したつもりである」

では、どういうものが紹介されているのだろうか。たとえば、映画についてはベスト一〇〇の本を紹介したので、比較の意味でここに項目を並べてみよう。映画の章には「ハリウッドの『没個性』はキライ」という見出しがついている。

小津安二郎／七人の侍／ゴジラ／石原裕次郎／吉永小百合／ヤクザ映画／大島渚／男はつらいよ／神代辰巳／小栗康平／台風クラブ（相米慎二）／鉄男（塚本晋也）／北野武／GONIN（石井隆）／岩井俊二／Shall we ダンス？／失楽園／キュア（黒沢清）／バウンスKo GALS（原田真人）〔（ ）は石坂が補った〕

『われわれが注目すべき日本映画一〇〇選』に監督として出てこないのは、ロマンポルノで知られる神代辰巳だけで、すでに九八年の時点で塚本晋也をはじめ韓国映画界にとっての日本映画のお気に入りが出ているのは面白い。また、ここになくてベスト一〇〇に入ったものは何かと考えると、伊丹十三や大林宣彦から矢口史靖、中田秀夫といった監督たちである。この本で扱われている新しい作品は、もっぱらこの時期のヒット作に限定されているのでベスト一〇〇の蓄積の厚みはあらためて感じられよう。

内容的にも本書の記述はバランスがとれている。たとえば神代辰巳の項では、学生運動などの既成観念を打破しようとする社会的動きがロマンポルノの時代的背景にあること、九六年にロッテルダム映画祭で神代の回顧展が開かれたこと、ロマンポルノが周防正行や森田芳光らすぐれた監督の出発点になったことが述べられている。単に日本の映画は煽情的だという次元の話はしていない。

「バウンスKo GALS」の項では、この作品を日本の青春映画の系譜に位置付けている。そして、八〇年代の相米慎二や大林宣彦の作品は同じ青春映画でもファンタジーにかたよりすぎて若者の悩みを受けとめきれなかったが、「バウンス」は援助交際を扱い現実に向き合っていると高く評価している。このあたり、硬派の批評誌『シネ21』ならではの切り口といえようか。

九八年当時、たくさん出た日本文化紹介本の中にはかなり粗雑な内容のもの、笑えるものもあったが、本書はよくできているというべきだろう。映画以外の分野ももちろんカバーしており、スマップや安室奈美恵、村上龍などが項目として出てくる。ただ、歴史的に流れをきちんと把握しようという意図だろうが、美空ひばりやピンクレディーが唐突に出ているのがちょっと面白くもある。

ところで、本書の最後にはキム・ウィチャンの書いた「日本大衆文化の現況とわれわれの対応」という二九ページにわたる大論文がのっている。結論の「日本の大衆文化、どのように受けいれるべきか」という節では次のように主張している。まず第一に、韓国は日本の大衆文化に対する規制をなくし全面開放しなければならず、国内文化産業に対して政策的に支援しなければならない。開放するなら選別的ではなく全面開放がよく、その代わり国内文化産業について競争力を高めるようなレベルの支援が望ましいということである。第二に、産業レベルでは国内大衆文化産業界は主体的に構造調整をしなければならず、大衆文化のシステム

は刷新されねばならない。これは、アンダーグラウンドなものを生かす道筋を作れということだ。そして第三には、日本大衆文化への被害者意識を払拭、韓国の大衆文化を育て上げる方向に意識を転換しなければならない。

韓国のジャーナリズムが決して排外的な姿勢にのみとらわれていたわけではないことを本書は実証してくれる。『日本はない』『日本の貧困』といった本から本書まで、五年くらいの時間しかたっていない。そして、本書から二〇〇一年までにどれほど多くのことが変わったのかも、読者は理解できるだろう。韓国文化はバージョンアップをとげ、国際的にも認められつつある。ただ、政治的関係ゆえに、日本文化の全面開放には至っていない。

（ハンギョレ新聞社、一九九八・一〇）

日本語で読める韓国のまなざし

きどのりこ

隠された「日本」へのまなざし

最近、韓国を訪れた日本のある大学のゼミの学生たちと、韓国の大学生たちの討論の記事を読んでいて、印象深かったことがあった。

それは、煎じつめれば文化の一方通行の問題になるだろうか。話題は、はじめポップ・カルチャーの分野だった。韓国の大学生は、自分たちは子どもの頃から宮崎アニメや日本のコミックに親しんでいて、日本文化が規制されている中での不法な形での輸入にもかかわらずその影響下にあるのだが、日本ではどうなのか、韓国はじめアジア諸国の映画やコミックを見たことがあるのか、と問う。それに対して日本の大学生は、「アジアの本や小説や漫画などの大衆文化はほとんど日本に入ってきていない。それは日本がその分野では一番今（技術的、作品的に）優れているからだ」と述べている。「韓国や中国にいい文化があることは皆知っている」ともいうのだが、その文化が世界的なマス・メディアに乗らないからわれわれが知らないのだ、というのが彼の意見だった。こうした考えに対して日本の仲間たちからの批判もあったようだが、「日本のポップ・カルチャーの優越性を誇って何が悪い。良いものは良いとお互いに認めあえたらいいんだ」と彼は反論する。

たしかに日本のアニメを例にとってみれば、巨大なアニメ産業とその市場拡大の戦略はさておいて、まさに世界的な大衆文化であり、誇って悪いことはない。しかし、この発言を受けて韓国の大学生側は次のような意見を述べた。

「日本では韓国の文化輸入が規制されているわけではないのに、若い人たちは韓国文化を知らなさすぎる。韓国の文化程度がそんなに落ちているのか、関心がないからか、どちらか答えてほしい、文化を知る方法は、インターネットや本などたくさんある」。

そうだ。「求める心」がなければそれに通じる道が開けない、というのは彼の言う通りだ。そして文化の対等性は、観念ではなく、実体に触れてはじめて言えることなのだ。

「求める心」の欠落は、この討論に先だって両国の学生たちがともに韓国を旅した時、日本の若い人たちは韓国文化について知らなさすぎる、と韓国側の学生たちが感じたことにも現れている。最近、韓国から来日した児童人形劇団の人たちが行った「韓国」について何を連想するかというアンケートに対して、ほとんどの日本人の答えが「キムチと焼き肉」というステレオ・タイプのものだったということを聞いたが、さもありなん、という感じだ。

しかし、一方、日本のメディア自体の、特に出版文化における「脱亜入欧」的体質の歪みが、いかに根強いものであるかは、当然ながらも韓国の大学生たちには理解されていない。よしんば韓国の文化に関心を持ち、「求める心」が作動したとしても、私たちの受信できるメディアは圧倒的に限られている。読者のニーズが少なく、経済効率が悪いため、各出版社はアジアの作品を刊行せず、その結果、よい翻訳者も育たないのだ。

そうしたメディアの歪みの中の困難な探索ではあるが、さすがに道は開けてきている。最も韓国の人びとのありのままのまなざしが現れている大衆文学の分野が、志ある出版社と翻訳者によって、少しずつ日本語で読めるようになりつつある。

以前、ソウルの書店で一番のベスト・セラーを尋ねてみたら、たちどころに『太白山脈』(趙廷来《チョジュンネ》)だという答えが返ってきた。その時、韓国の人びとの心を深く捉えているこの全一〇巻の大作が積んであるのを横目で見ながら、自分の語学力では一生かかっても読み終わるまいと嘆息したものだった。これが西欧のベスト・セラーであれば、各出版社は競って版権を奪いあい、ただちに翻訳ということになるだろう。しかし、この作品が日本語になるのはいつの日のことだろうか。周囲の韓国の人びととの間に、急に透明で堅固な壁ができてしまったような気がしたのだった。

しかし、その後七年もの歳月をかけた翻訳者たちの骨身を削るような努力によって、また困難な出版ルートを何とか確保して、『太白山脈』は日本で刊行され、私も手にとって読めるようになったのだ。

私は韓国文学に詳しい人間ではなく、またここはそれを論じる場ではないので、簡単なご紹介とともに、この作品に隠された「日本」へのまなざしについて述べるにとどめる。

長いパンソリのような『太白山脈』は、登場人物たちの運命の変転、民話的、艶笑譚的な部分の読者をそらさない工夫などが見られるにせよ、「大衆文学」というレッテルからははみ出た存在である。こまやかな心理描写を含めた人間そのものの描き方、現代史の一画を重層的に描く手法、心に浸みるような自然描写などに文学としてのレベルの高さが感じられる。また、反共主義による抑圧のタブーを打ち破った画期的な作品でもあり、「国民文学」と呼ぶのがふさわしい。しかしここであえて「大衆文学」とするのは、広汎な人びとへの影響力を持った作品であり、また韓国の人びととその考え方、感じ方を知るための絶好の文学だからなのである。

一九四八年から、全羅南道東部の筏橋邑を舞台に展開し、山地でのパルチザン闘争に移行していく物語は、米軍政下の土地制度による農民たちの窮状、警察の横暴と共産主義者の討伐といった時代の状況の中で、南朝鮮労働党の人びと、中道的民族主義者、キリスト教社会主義者やかっての日帝協力者、仏教の僧や巫堂たちによって織りなされていくが、そこには当然、直接「日本人」は出てこない。しかし、いたる所に日本の遺した傷跡、残滓……というよりも「日本」そのものが残存している。日本の植民地支配こそが、政治的分断の悲劇のすべての原因となっている、というのが、この大河小説にこめられた作者の思いなのだ。

日本語でもこうした長大な作品を読むのは、いかに「求める心」があっても大変なことだが（全巻購入は無理なので図書館で読むしかない。文庫化の壁はまだ厚いことだろう）、ここでは、もっとシンプルで読みやすく印象的な分野である児童文学をご紹介したい。

私は勝手に児童文学を「大衆文学」と考えているが、それは、第一読者として想定された児童そのものが大衆であるというよりは、作者そのものが高名な文学者ではなく（中にはもちろん文学史上名だたる人びとが執筆しているものもあるが）、真に児童の立場に立ち、その視点を共有することのできる、そして子ども読者にとっての無名性に甘んじることのできる人びとによって書かれているからだ。

近年刊行された優れたアンソロジーの一冊に『日本がでてくる韓国童話集』（魚孝善《オヒョソン》他作・仲村修とオリニ翻訳会編訳・素人社）がある。全部で一〇編の短編のうち（その中の一編は北朝鮮の作家によるもの）、タイトルからの想像と異なって、生身の「日本人」が出てくる物語は「長い一日」（孫蓮子《ソンヨンジャ》）しかない。「長い一日」は、一九四五年八月一五日、小学校の日本人教師テラウチ先生のその日の動静を、三年生のスニの目から見た作品だ。

急に青白くやつれ、「テンノウヘイカ、バンザイ！」と唱えてからうなだれて教室を出ていく先生に、スニは「日本人でも悲しいときがあるんだ」と思う。アボジは井戸端で、日本人を殺す鎌を研いでいる。「罪をつくらないで生きていきたい」と思うオモニは、スニに頼んでアボジの襲撃からテラウチ先生を逃す算段をはかる。

生身の「日本」が出てくるのはこの一編のみだが、他の作品には『太白山脈』のように、「日本」へのまなざしが内側に隠されている。解放前の作品のうち「追われた先生」(宋影《ソンヨン》)は、田舎の学校にやってきた変わった先生を、貧しい小作人の家の少年の目から眺めたものだ。年から年中、報われない労苦に汗を流している小作農民としての親たち、その子どもたちを先生は励まし、勇気を与える。しかし、先生は追放され、日本語の時間が週に五時間も増え、朝鮮語を一言でも使えば夕方まで罰が与えられるようになる。「友よ! こんな話を、どうしてぼく一人だけの胸の中にしまっておけるだろうか……」と結ばれた物語は、解放前の代表的な児童雑誌『オリニ』に掲載され、そのためこの雑誌は総督府の警務局図書課の検閲によって、一カ月の活動停止を受けている。

「さつまいも」「チョウチョを追いかけるアボジ」(玄徳《ヒョンドク》)は、前者は一九四〇年に総督府によって廃刊させられた雑誌『少年』に掲載されたもの、後者も解放前のものである。いずれも極度の貧しさの中にある子どもたちの心情を心こめて描いているが、特に後者は当時の地主と小作人の間にあって特権的な地位にあった小作管理人(『太白山脈』ではマルムと呼ばれる彼らが解放後も未だ農地改革が行われない中で、特別待遇を受けるありさまが描かれていた)の子どもと、小作人の子どもとのいさかいが、児童文学らしいスタンスで描かれている。その背後には、日本の圧倒的な農業移民と土地政策の横暴によって、ほとんどが極貧農民となった植民地時代の農村の現実があることはいうまでもない。宋影は解放後すぐに、玄徳は朝鮮戦争の時にいずれも北に行った作家であり、没年はわからない。こうして越北した作家たちの作品は、韓国では一九八八年まで刊行や研究が禁止されていた。それが解禁されたことの文学的意義は大きく、またこうして大メディアとは遠い出版であるとはいえ、日本語で紹介されたことの意味も大きい。

「おかしな先生」（蔡萬植《チェマンシク》）で活写されている「指尺先生」（背が低く、指尺ぐらいしかないとのからかいの意味）の異名を持つ教師も、いかにも『太白山脈』の登場人物の一人になりそうな存在である。徹底した日帝協力者であり、朝鮮語を使う生徒に厳罰を与える「指尺先生」が、解放後、急に反日派となりアメリカに追随するありさまを、小学生の「ぼく」の視点から描いている。蔡萬植は一般文学においても、社会の不条理や葛藤を直視して描く作家として、長編「濁流」や「太平天下」などの代表作を解放前に発表しているが、一九三八年に読書会事件で検挙され、戦争協力を条件に釈放されたという経歴の持ち主だ。解放後も、植民地の残滓の中で変節し生き延びようとする人びとを風刺的に描いているが、朝鮮戦争が勃発した頃病没した。

巻末の「米どろぼう」は、現代の韓国で児童文学者として最も尊敬を受けている権正生《クォンジョンセン》の作品だ。近年、日本でも長編の『わら屋根のある村』や『モンシル姉さん』（てらいんく刊）、ベスト・セラー絵本『こいぬのうんち』（チョン・スンガク絵・平凡社刊）が続けて翻訳・刊行されている。「米どろぼう」は解放後二年目、姉と三人で暮らす幼いソンジェとウンジェの兄弟が、麦粥の食事にも事欠き、市場の精米所の裏口から米をくすねる話だ。追いかけてきた精米所のおじさんは、二人を叱るかわりに米の詰まった袋を渡し、「持ってけ。貧乏人どうし、助けおうて生きていかんとな」という。しかしそのおじさんは、警官隊との衝突で逮捕され、生死も不明となってしまう。「かみの毛にもまゆ毛にも鼻にも、顔中に米ぬかをかぶった」顔をしたおじさんは、この短編の中で、『太白山脈』の主人公たちにも等しい光芒を放っている。こうして解放後まで続いた子どもたちの極度の飢えと貧困は、やはり日本の植民地支配がもたらしたものだった。この頃、日本でも闇市や駅頭で戦災孤児たちが、生きるためのぎりぎりの日々を送っていた。子どもたちの受難の姿は同じなのだ。

この作品集には、他にも日本への抵抗と民族への愛をこめて、日本の警察の禁を破り鐘閣の鐘をつくハラボジを描いた印象的な作品「鐘の音」（魚孝善）や、侵略者を寓話的に描いた「料理人の舌」（金炳圭《キムビョンギュ》）や「サルの花ぐつ」（鄭輝昌《チョンフィチャン》）などが収められている。また、朝鮮戦争に関わる作品を集めた『子どもたちの朝鮮戦争』や韓国の子どもたちが教科書などで親しんできた名作を選んだ『愛の韓国童話集』が、いずれも素人社から刊行されていることも付記したい。

すなおな子どもの目線で

採択こそされなかったものの、歴史の恐ろしい歪曲を目論んだ「新しい教科書をつくる会」の歴史教科書が文部省の検定を通ったという事実に心が寒く震えた。このような時に、日韓の間の真実を理解するために、若い人びとに読んでほしいと切に願うのは、すでに一九九三年に出されているイ・サンクム（李相琴）の『半分のふるさと』（福音館書店）である。これははじめから日本語で、それもめったにお目にかかれないほど精緻な美しいイメージ豊かな文章で書かれており、一九九七年に韓国版が出されている。

現在、梨花女子大学名誉教授で米国カリフォルニア州に住んでいる著者は、一九三〇年代には広島に住む利発な女の子「キマちゃん」だった。その「キマちゃん」が体験した事実を、「すなおな子どもの目線で、真摯に語りたい」という強い願いから生まれたのがこの本なのだ。彼女の両親はともに慶尚北道星州の出身で、一九二〇年代の初めという早い時期にそれぞれ日本に渡り、出会って結婚した。長女のキマちゃんが出生したのは広島県安佐郡可部町（現在は安佐北区可部）であり、その後父親の仕事によって宇品、江田島と移り住むことになるが、これらの場所は彼女の生活のルーツ、懐かしい故郷として刻印される。しかし、血筋のルーツは韓国・星州であり、この「二つのふるさと」に引き裂かれた葛藤の思いは、現在も在日韓国・朝鮮人二世の人びとに共通のものであるだろう。

　しかし、この半分ずつの故郷という思いは、引き裂かれたアイデンティティーとはならず、日韓の関係への重層的な視点の獲得へとつながっている。著者は一五歳の時、日本で終戦を迎え、しばらくしてから「帰還同胞」として血統のルーツに戻ったが、その時「半チョッパリ」として祖国の同胞から不当な扱いを受けたことに、深く傷ついている（この「半チョッパリ」という言葉は、私が交流のあった在日朝鮮人の人びとの間でも、あまりに日本とその文化に同化した者の蔑称として八〇年代位までは使われていた）。その体験が「半分のふるさと」という言葉の発想の端緒にはあるのだろう。祖国が植民地化されていた時代、キマちゃん一家は日本在住の朝鮮人として、異なった状況での苦しみを受けねばならなかった。彼らを「帰還同胞」として冷遇した祖国の人びとには、その苦しみが理解できなかったのに違いない。現在も

いたい本だ。「在日」の人びとへの無理解の残滓は韓国に見られるのではないか。日本でも、韓国でも読んでもら

幼児期からの鮮明な記憶と、現在からの的確な分析があいまって、珠飾りのようにていねいに綴られていく文中には、忘れがたいエピソードがたくさんある。特に、どんな時にも民族としての誇りを持って堂々と生き抜いた母親の姿は、「日の丸べんとう」の四隅に小梅を埋めて「太極旗」にして持たせたり、「国史」の授業で歴代天皇の名を暗誦しているキマちゃんに「国史は零点とってもええよ」といい、「朝鮮には朝鮮の歴史がある、ということだけは、よくおぼえていなさいよ」という言葉とともに印象深い。夏も冬も白い朝鮮服を着ていた「下祇園のハラボジ」や、当時の在日のコミュニティーにあって、どんな子どもでも分け隔てなく優しく扱った「小山のアジメ（アジュモニの慶尚道訛り）」、強制連行されて労働に従事していた人びとなどの群像も目に浮かぶように描かれているが、特に多くの紙数で印象的に語られ、また「こんな日本人もいたのだ」と私たち日本人読者をほっとさせるのは、キマちゃんが宇品小学校二年の時の担任、岡広先生だ。

ずんぐり背の男の先生、岡広先生の授業は、とっぴで楽しい。雨の日も風の日も、昼時間には本を読み聞かせ、三〇人以上の生徒の日記をせっせと読んで、暖かい励ましの言葉を書く。岡広組みの生徒たちは、語彙が豊かになり、理解力や表現力がつき、人の話をよく聞いて、自分の考えもあらわせるようになる。もともと豊かさを秘めながらそれを表現できなかったキマちゃんは、先生の影響を最も多く受ける生徒となった。キマちゃんが前の可部小学校で「朝鮮人」といじめられて石を投げられたりしたことを日記に書くと、岡広先生は（いじわるにほんじんのこがいたことをはずかしくおもう。

せんせいがかわってあやまる。けっしてひねくれないように）と書いてくれ、授業の時間には朝鮮のすぐれた学問や焼き物、仏教のことなどを生徒たちに話す。そのため宇品小学校では、キマちゃんは一度も「朝鮮人」といじめられたことがなく、むしろ羨むような日で見られるのだった。

キマちゃんにとっての岡広先生は、いささか唐突な連想ではあるが、日露戦争の頃東北医専に学んでいた魯迅にとっての「藤野先生」を思い起こさせる。魯迅のノートに真剣かつ徹底的に朱を入れ、暖かく指導した風采の上がらない解剖学の藤野先生に対して「わが師と仰ぐ人のなかで、かれはもっとも私を感激させ、もっとも私を励ましてくれたひとりだ」と彼は書き、「私の眼から見て、また私の心において、かれは偉大な人格である。その姓名を知る人がよし少ないにせよ」（「藤野先生」竹内好訳より）として、その中国の住居の机前には終生、藤野先生の写真を掲げていたという。

たった一年間の担任だった岡広先生は、キマちゃんの豊かな心の扉を開き、キマちゃんの両親にも「悪くない日本人がいる」ことを知らせてくれた。魯迅の藤野先生ともども希有な出会いだったとはいえ、そうした日本人がいたことに安堵するとともに、それが「文学」というまなざしに載せて私たちに届けられたことを嬉しく思わずにはいられない。また、『半分のふるさと』にはもう一人、キマちゃんが女学校に通うようになった頃、文通を続けていた原卯七という長崎の作家のことが出てくる。おたがいに会ったことはなく、足の悪い六〇歳の作家であることしか解らなかった。彼も岡広先生と同じように、一人の少女のあふれるような自己表現に対して誠実に向き合い、文章の指導をしたり、慰め、励ましたりしたという。長崎の原爆投下以後、彼の消息は途絶えた。

『半分のふるさと』は帆足次郎のすぐれた装画がつけられた児童文学の形態で出版され、野間児童文芸賞はじめ多くの児童文学の賞を受けているが、それは幼児期から少女期にいたる記憶がキマちゃんの柔軟な感覚で語られているからであり、一般読者にとってもすぐれた文学であることはいうまでもない。

ハルモニの姿が立ち上がってくる

紙数もなくなったが、最後に『ナヌムの家のハルモニたち』（慧眞《ヘジン》著・徐勝《ソスン》／金京子《キムキョンジャ》訳・人文書院）をご紹介したい。

一九九九年の早春、出来上がったばかりの『ハルモニの絵画展』（ハルモニの絵画展実行委員会編・梨の木舎）という、日本での絵画展の入場者の感想を中心にまとめた美しい小型の本を韓国に届けられる梨の木舎の羽田ゆみ子さんと同行して、私も京畿道広州郡退村面にある「ナヌムの家」に伺った。そしてハルモニたちにお会いし、ソウルでの日本大使館正門前の水曜デモにも参加させていただいた。日本の民間基金を最後まで拒否されつつ世を去った姜徳景《カンドッキョン》さんにはお目にかかれなかったが、ナヌムの家に併設されている「日本軍『慰安婦』歴史館」でその恨のこもった原画を見ることができた。

デモの帰りにソウル・西大門に近い挺身隊問題対策協議会のオフィスを訪問した際、私は一冊の魅力的な本を見つけた。『わたし明日デモ行くよ』と題された本で、本文のハングルはすらすらとは読めないが、全体のレイアウトがいかにも素敵だった。細いペン描きでハルモニたちの表情を描いたイラストがたくさん入っていて、惹きつけられる。読みたいと思いながらもハングル能力を鑑みて購入しなかったのだが、日本に帰ってきて、この本がすでに翻訳され、ハルモニたちの絵つきで刊行されていることを知った。

早速読んでみてびっくりした。何とも飄々としてユーモアのある筆づかいで、生身のハルモニたちの日常の喜怒哀楽が、短いエッセイとして綴られている。「ナヌムの家」の牽引者である若い世代のスニム（僧）の慧眞さんが、こんなに洒脱な人だとは知らなかった。映画でも見、実際にお会いしたはずのハルモニたちが、この本の中からはじめてその心情とともに立ち上がってこられるような気がしたのだった。

私のような者でも、僅かに「求める心」があっただけで、このような人びとや本との出会いがあった。周囲を見まわすと、韓国の文化の中に直接飛びこんでいこうとする若い人たちが、在日の人たちも含めて着実に増えてきたような気もする。「キムチと焼き肉」という答はまだまだ多いことだろうが……。言葉の壁はまだ確かに厚い。しかし、日本語バージョンでも確実に韓国のまなざしは私たちに届いているのだ。

Ⅳ・韓国と日本 さまざまな交流

▲…韓国と日本のアートの交流も盛んになった（崔正化「ファニーゲーム」）。

韓国の詩人からわかること

佐川亜紀

日本経由の現代詩受容

韓国では現代詩が盛んで、詩人も尊敬されている。かたや、日本では現代詩は文学の隅っこに位置し詩人が尊敬されることはめったにない。韓国では詩人になることはステイタスシンボルで、有力新聞の東亜日報や朝鮮日報が正月の紙面を割いて新春文芸当選者を大々的に発表する。『現代文学』『作家世界』『文学と批評』などの文芸誌も詩を大切にしている。現代詩の詩集が一〇〇万部のベストセラーになり、数十万部の売り上げも珍しくない。日本では、最近、茨木のり子の詩集がベストセラーに至るまで売れて話題になったが、ふつうはかなり優れた詩集でも自費出版でわずか五〇〇部しか出さず、しかもほとんどが贈呈というのが現状である。

韓国の詩人たちは日本の詩と詩人についてどう感じているのだろう。

一九七〇年から日本の詩を訳してこられた金光林《キムクワンリム》さんはこう語る。

私が最も好きな日本の詩人は田村隆一です。彼の詩は日本的でなく、世界的、国際的なグローバルな視点があります。想像力が豊かで、人間の究極的なものを突き詰めている。彼の詩は世界に通用するでしょう。カナダ生まれの白石かずこも民族とか国家を超越している。どんな人種の人ともつきあう包容力がある。韓国の詩人で世界的視点を持っている人は少ないです。北川冬彦は日本でモダニズムを始めた人ですが、独自にネオ・リアリズムの方法を打ち出して、私も韓国モダニズムを確立したので詩的方法に共通性があります。韓国は詩の読者が多いとは言っても抒情詩や抵抗詩に人気があります。売れる詩が必ずしも質的に高いわけではありません。韓国では読者を考えますが、日本では読者を考えずハイブロウな詩を書いているし、いろいろな傾向の詩があります。韓国現代詩の初期に日本の現代詩から学んだが、モダニズムを正面から引き受けた詩人は少ないです。

日本の詩についての評価は韓国の詩人の間でさまざまだが、近年、韓国現代詩の始まりには日本の詩の影響を受けたことを客観的にとらえようとする姿勢が現れている。

朝鮮新体詩の最初の作品は崔南善《チェナムソン》の「海より少年へ」だと言われているが、彼は、一九〇四年朝鮮皇室留学生として東京府立一中、早稲田大学などで学んだ。韓国現代詩の先達たちはたいてい日本に留学し、新しい文学を学び創作した。韓国の現代詩が日帝時代に始まっているのは、現代詩がそもそも西欧現代詩を基盤にし、その理念や技法の受容抜きには成り立たず、それを日本経由で摂取したためだろう。真田博子によれば、もう一人の先駆者とされる朱耀翰《チュヨハン》も明治学院中学に通い、詩人・川路柳虹主宰の『現代詩歌』『炬火』に日本語で書いた詩を寄稿し、モダニスト平戸廉吉やアナーキスト萩原恭次郎とともに活躍したそうだ。川路柳虹はフランスのエミール・ゾラのリアリズムを摂取し、日本で最初に口語自由詩を表わした詩人である。朝鮮現代詩を確立した鄭芝溶《チョンジヨン》は同志社大学留学中に北原白秋の『近代風景』に投稿して才を認められた。国民的詩人・尹東柱《ユンドンジュ》は同志社大学で学び、後にカップ（朝鮮プロレタリア芸術同盟）の書記長となる林和《イムファ》も日本に留学している。このように朝鮮現代詩の出発は、日本留学、日本からの情報抜きには語れない。

それは、言葉の近代においても同様だった。日本語も「世の中」から「社会」や「世界」という翻訳語に変わった時、近代が始まった。日本の現代詩が難解といわれる原因の一つは、翻訳語を多用しているからだが、それにより非日常の未知の領域を開いたのも確かだ。朝鮮語の近代に日本の翻訳語がもたらした影響は少なくない。川村湊はこう指摘する。

日本が近代文学の観念、技法、その文学思想、主義のたぐいまでを西欧から輸入し、学びとったように、近代朝鮮はそれらのものを日本経由で自国に取り入れたのである。その時、西欧の近代文化の概念、現象、制度、物品、機械などは、日本において漢字熟語として〝翻訳〟されたものを、ほぼそのままの形で受け入れた。「可逆反応」「直線」「影響」「顕微鏡」「便秘症」「内面」「労働」「独立」「戦争」「想像」「希望」といった漢字語は、現在の韓国でもそれを朝鮮語読みにすれば、そのままで使用されるのである。（「東京で死んだ男――モダニスト李箱《イサン》の詩」『「酔いどれ船」の青春』講

談社）

確かに朝鮮の現代文学は日本の翻訳漢字熟語を多く取り入れただろうが、言葉は単なる記号ではないのでそれが生きる社会文化によって意味が少しずつ異なる。日本の「社会」が西欧や韓国の「社会」と違うように。また、同じモダニズムでも、日本のモダニズムが俳句にも通じる短詩で始まったのに対し朝鮮のモダニズムは李箱《イサン》のようにどこか社会の危機と不安を感じさせるなど差異があるのだ。林容澤《イムヨンテク》著『金素雲「朝鮮詩集」の世界』（中公新書）は、名訳詩集『朝鮮詩集』の金素雲の流麗な訳が島崎藤村の『若菜集』や佐藤春夫の『殉情詩集』などの影響をどのように受けたかを丁寧にたどった労作で、朝鮮詩人と日本詩人の具体的な交流にも触れている。日本の詩が韓国語や韓国の現代詩にどんなかかわりを持ったかはこれからの研究課題だろう。

日本への「憧れ」と批判

日本が朝鮮を併合したのは、一九一〇年である。崔南善は、それ以前の一九〇四年に日本に留学し、一九〇七年に早稲田の高等師範部歴史地理科に入学したが、その年の内に退学、帰国したらしい。大村益夫によれば、帰国の理由は早大擬国会事件にかかわり抗日運動をしたことによると推測されるそうだ（『語研フォーラム⑭』早稲田大学語学教育研究所）。崔南善の朝鮮新体詩の創出に日本留学が影響を与えたことは確かだろうが、一方彼は抗日運動にも積極的だったらしい。崔南善はその後三・一独立運動の「独立宣言文」を起草した。しかし、日帝末期には親日的言動をして批判されている。近代の世界地図とは、資本の拡大による帝国主義の侵略と、それに対する民族的抵抗の構図であった。近代文学においても朝鮮詩人たちの日本への憧れと憎悪・親日と反日が併存していたことが察せられる。日本への憧れといっても、「アジアで先に近代化した日本への憧れ」であり、日本そのものへの憧れではない。古代には朝鮮が進んだ文化を伝えたという自負は今でも強い。万葉集は韓国語で詠まれていたという主張からも分かる（『もう一つの万葉集』李寧熙著、文藝春秋）。

現代で民族的抵抗と重なりながら、別の視点を持っていたのは階級連帯である。マルクス主義では、世界的な階級連帯が唱えられ、民族か階級かは重大な論点となった。朝鮮プロレタリア芸術同盟書記長だった林和の詩は、横浜の日本女性に「ましておまえは異国の娘　おれは植民地の男／しかし――ただ一つの理由は／おまえとおれ――おれたちは同じく働く兄弟であったからだ／そしておれたちはただ一つの仕事のために／二つの異なる命が　同じ釜の飯を食ったのであり／おまえとおれは愛に生きてきたのだった」と呼びかけている（「雨傘さす横浜の埠頭」大村益夫訳『対訳詩で学ぶ朝鮮の心』青丘文化社）。世界的な階級連帯は現実には悲惨な事態が多く、林和の詩はやや甘いと言わざるえないが、理想として民族を超える観点を持ちえたことは特筆されよう。

前述の金光林は、一九二七年生まれで、ユーモアに富んだ寛容的な人柄だが、第二次世界大戦を経験し、解放後、平壌の大学に入ったが、共産主義に幻滅し、一九四八年に三八度線を単身越えて韓国に入り、朝鮮戦争も体験した苦難多い人生の人である。日本の詩人とも親しく、たびたび来日しており、小説家大江健三郎、遠藤周作、詩人田村隆一、白石かずこなどの著作翻訳も手がけ、日本に好意的であるが、その詩には、まだ侵略支配の痛みがなまなましいことを描いている。

むずかる孫に知らん顔して／朝刊新聞に目を通していたら／突然半島に痛みが生じた／蟹の鋏にでもつまれたのか／／一昔母親の乳房を噛んだことのある／先祖代々のならわしそのままに／生え出る歯がかゆくてたまらないのか／孫はわたしの凸部をかずりと噛んだのだ／一瞬わたしはぎょっとすることも／誰かに訴えることも出来ず／なおさら嫁の前で痛いとも言えない痛みを／しっかり握りしめねばならなかった／殊新しく幼い児に／〈仔犬の如く可愛の〉と語った／ある詩人の言葉が想い出される／（可愛がりすぎたら噛まれることもあるのに）／うぶで　ぽかんとしていたら／とられることもあるものと／このとんでもない難儀に出逢ったのがわが半島／／誰にもあかせられないこの痛みに／わたしひとり　のどのつまる思いで涙ぐんでいるのだ（「半島の痛み」本人訳）

「（可愛がりすぎたら噛まれることもあるのに）」は、（憧れすぎたら侵略されることもあるのに、という今の日本文化に対する危機意識にも通じているだろう。

憧れを真っ向から否定し、日本文化そのものに鋭い批判を展開したのは、一九六〇年四月革命以後登場した社会参与派の詩人たちである。一九六五年の韓日条約締結の翌年に発刊された『創作と批評』は、民主・民族・統一を掲げた。中でも、金芝河《キムジハ》は、特に激烈な風刺で日本を抉った。「譚詩　桜賊歌」では、朴正煕《パクチョンヒ》政権と日本の特権層の癒着ぶりを歴史的に暴き出し、ユーモアたっぷりに皮肉っている。民間劇パンソリのエネルギーをとりこみ、しかも日本の支配層への洞察が深い。金芝河の特異性は日本の支配の歴史を叙事詩的に記録するだけでなく、日本文化の本質まで批判的に浮かび上がらせたことである。このために金芝河は日本でも注目を集めた。三島由紀夫に向けた詩も痛烈だ。

どうってことないね／朝鮮やろうの血を吸って咲く菊の花さ／奪っていった金物の器を溶かして鋳った日本刀だということさ／何がたいしたものか／おまえは知らなかったのか／悲壮凄絶で　そうとも凄絶だとも　凄絶悲壮で／凄絶な神風も　どうっていうことないね／朝鮮やろうのヒマを気狂いのように食らって狂ってしまった／風じゃないか、狂ってしまった／おまえの死は　植民地に／飢えて病み縛られたまま叫びつつ燃える植民地の／死の上に降り注ぐ雨だ／歴史の死を歌う／昔の軍歌だ　どうっていうことないね／裸の女兵が裸の娼婦たちの間に突っ立って／かって気ままに歌いまくる狂った軍歌さ。（「ヒマの神風——三島由紀夫に——」大村益夫訳）

ヒマは、「元来髪油用として庭隅などに植えたものだが、第二次大戦中はガソリンの代用として大量に植えられた」そうだ（訳注）。三島由紀夫の自決に日本軍国主義の死の美学を見抜いて鋭い。だが、三島由紀夫の文学は芸術性が高く、侵略性だけを突いて、その全体を切り崩せるかは疑問であるが、金芝河の提示した課題は重要なのである。

金芝河は近年、政治批判より文明批判になり、韓国の民衆思想である東学思想をもとにした生命論・エコロジーに傾いているが、批判精神は衰えていない。日本の大衆文化開放とアメリカ文化の影響を「慢」の文化にならないかと憂慮している。「慢」とは、極度に病み、堕落、解体された文化だそうだ。

また、反体制の牙城であった『創作と批評』が、一九九七年柳呈《ユチョン》編訳で『日本近代代表詩選』と『日本現代代表詩選』を刊行したのは画期的であった。「韓国の現代詩が、日本の詩から刺激を受けたのは、否めない事実でありながらも、厳正かつ客観的な検証がなされていなかったのは勿論のこと、本格的な日本の詩の紹介もなかった現実」を率直に認め、相互の影響を冷静に分析しようとしているのは、韓国詩界の成熟を示していると思う。しかも、日本の詩の選択には、社会性よりむしろ芸術性の観点から選んでいるのが特徴である。『日本現代代表詩選』に収録されているのは、井上靖、串田孫一、高見順、伊藤桂一、田村隆一、鮎川信夫、秋谷豊、谷川俊太郎、新川和江、高田敏子、白石かずこ、茨木のり子、富岡多恵子、滝口雅子、高良留美子、吉原幸子、石垣りんなどで、いずれも日本で評価の高い詩人である。訳者・柳呈は一九二二年に北朝鮮に生まれ、日本大学芸術学部卒業、堀口大学の序文で一九四一年日本語詩集『春望』を刊行、一九五七年『愛と憎しみの詩』を刊行、大学で日本文学を講義し、村上春樹の小説『ノルウェイの森』、『ダンス、ダンス、ダンス』『春樹傑作短編小説集』を翻訳刊行しているからかなりの日本文学通である。

だが、教科書問題に見られるように支配・侵略の記憶と憤りが薄らいだわけではない。韓国の若い世代にも史実を受け継いでいこうとする詩人がいる。一九四八年生まれの張貞任《チャンジョンリム》の従軍慰安婦問題を描いた叙事詩『あなた　朝鮮の十字架よ』（影書房）は、日本が隠蔽し、責任逃れした歴史を鮮烈に明らかにした。「神はどこで眠りこけ／なぜ大地は目を閉じたのですか／アジアの血を吸う吸血鬼のように／世界に血塗られた手を差し出す国の軍隊／その名も尊い天皇の軍隊に／今日は経済大国の免罪符を与えたのですか」（「天皇の軍隊」金知栄《キムヂヨン》訳）。日韓新時代になったといっても日本人としてはこの史実を直視することを怠ってはならないだろう。

新世代の詩人たち

解放後生まれのハングル世代では、直接日本をテーマとしたものは少なくなったようだが、新しい視点も生まれている。韓国外換銀行東京支店に勤務したことがあり、詩人としても著名で翻訳にも有能な権宅明《クオンテンミョン》は「東京日記」という詩を書いている。「日比谷公園の鳩を見に行く／反核示威の集会が催されているあいだ／しばし巣立っていた静寂の主人公たちが／セメントの地面に群がっている／はなやかな葉のかけらをついばんでいる／彼らは背負わされた平和の重荷を／知らずにいるらしい（中略）／絢爛たるプロパガンダが去った後／少女の頭の上に降りそそぐ陽差しと／間違いなく帰って来た早春の風／そして何気ない人びとの豊かな目もとから／私はもっとも確かな平和の証を見たのだ」政治的スローガンより日常の生活感覚や生身の普通の人々を重視する見方が印象的である。

さらに若い世代では国際化・情報技術化にともない日本の若者と生活感覚や感性がしばしば共通するようになった。まず、最近の詩ではパソコン、テレビ、自動キャッシュ機などを素材にした詩が多い。これは日本より多い。一九六一年生まれの一〇〇万部ベストセラー詩人・崔泳美《チェヨンミ》の「Personal Computer」、一九五七年生まれの河在鳳《ハジェボン》の「ビデオ／天国」、一九五五年生まれの呉廷国《オジョングク》の「自動キャッシュ機の前での不安」などなどたくさん書かれている。呉廷国の詩は「現金が出ない。指が震えて／砂漠の嵐は開始された。CNNはバグダッド市内の爆発音を／生放送で聞かせてくれている。私たちは戦争もプロ野球のように／生放送で楽しむようになった。多国籍軍の士気は高く／現金が出ない。」というもので、戦争の描き方がドライで率直で新しい。以前の社会派ならもっとヒューマニスティックに書いただろう。この本音を正直に乾いた文体で言うのは、日本のポップな詩と通じている。また、民族性だけでなく宇宙感覚の詩も出てきた。一九六三年生まれの朴ヨンハの詩では「月のホテルから地球を　見ればまるで一枚の郵便ハガキのようだ」（「地球」）とある。

韓国詩界では、一九八〇年代からポスト・モダニズムが話題になった。これは、日本とほぼ同時である。デリダ、ボードリヤール、ヤコブソンなどの脱構築、言語記号学などが原書そのものかアメリカ経由で入っている。もはや日本経由ではない。今の留学先はアメリカである。アメリカ文化が日韓共通の源になっているのである。張錫周《チャンソクチュ》によれば村上春樹もポスト・モダニズムの作家と韓国で受け止められており、クンデラ、ボルヘス、エーコ、ブローテイガンなどとともに、「重い理念が退潮する一方、新たに軽さの美学が好まれ、脱近代の自我、欲望、日常が主な言説として浮上しつつある九〇年代の韓国文学に、もっとも大きな影響を及ぼしている」そうだが、詩にもこうした「軽さの美学」や「脱近代の自我」を描く傾向が出てきた。既成の文脈や意味を破壊する言語実験の作品もたくさん生まれている。一九六一年生の朴賞淳《パクサンスン》の詩。

頭が大きく腹が出た少年たちが古くなったヤマハピアノ一台を空中に移している。空中の草むらにピアノが移される。私と同じような年に見える少女が背の大きい花草の上に座る。ピアノのペダルを踏んで肩の力を利用し　鍵盤を押す。／／私は一方に座ってピアノの音を聞く。頭が大きく腹が出た少年たちが歌を歌い始めるが歌は聞こえない。ピアノを弾く彼女は一小節が終わるたびに一度ずつ横に首をまわす。少年たちは反対側に立っている。//庭園の下。虚空の外に降りて行く道が闇の中に浸かる（「バビロニアの空中庭園」韓成禮《ハンソンレ》訳）

李昇薫《イスンフン》によれば、敵の不在、中心の不在により、社会現実を対象とするのではなく言語や詩そのものを対象にするメタ詩も書かれているそうだ（二〇〇一年「韓日詩人大会パンフレット」）。これらの詩の水準は高く、日本のポスト・モダニズムの詩の質と同等である。両者には交流がこれまで無かったにもかかわらず、同じ理論・方法に拠っているためだろう。民族の個性が薄らぎ、社会現実へのインパクトが減り、意味を求める読者を失うというマイナス面も同じように現れている。

新世代のアンソロジーでは一九九五年刊の『日・韓戦後世代一〇〇人詩選集　青い憧れ』と二〇〇一年刊の『二一世紀日韓新鋭一〇〇人詩選集　新しい風』（どちらも書肆青樹社刊）が代表詩人を取り上げ充実しているが、その訳者で一九五五年生まれの詩人・韓成禮は日本の詩についてこう語る。

日本の詩は独りよがりで難解な詩が多いです。日本で詩に人気がないから、韓国でも出版社が日本の詩を紹介したがらない。韓国では民主化闘争の真ん中に詩があったのです。運動する人々の前で詩を朗読しました。韓国では読者が分からないと良くない詩で、一般の人が読む詩が人々のそばにありました。日本では和歌や俳句がまだ人気ですが、韓国では定型詩の時調《シジョ》がすたれ、現代詩を楽しんでいます。普通の人々が読める詩が多く、詩集が売れて、文学的にも社会的にも成功しています。私は卒論で萩原朔太郎を取り上げました。現代的で鋭い感性に共鳴しました。近年では、茨木のり子さんの詩が平易な言葉で深い所に届いていて好きです。若手で伊藤比呂美さんは荒っぽいですが、新しい世界だと思います。柴田三吉さんは誠実で詩の美しさもあり惹かれます。日本のポスト・モダニズムの詩は読みにくい詩が多いですね。韓国でもポスト・モダニズムの詩が書かれていますが、ごく一部で、村上春樹のように軽い文体の作品もありますが、一時的現象でしょう。最近の日本の若い女性の詩は自分の身のまわりのことをさらっと書いていてあまり共感しません。

教科書問題では韓国で強い抗議があり日韓交流も心配されましたが、その後の「新しい歴史教科書をつくる会」の教科書の採択率の低さなどを聞き、日本人全体が悪いとは思っていません。韓国のテレビは日本の右翼の人にもインタビューし、相手の意見を聞くことをしました。日本人の中にもいろいろな意見があり、その一つと思っています。日本の詩人はあまり右翼的な人がいなく、良心的な人が多いと思います。日本では詩人の地位が低く、権力を持っていないからかえって権力から自由ではないでしょうか。詩人は燈台のように遠くから照らし出す働きをすれば良いのです。韓国では日本の詩人はまだ売れていません。その理由の一つは、これまでの訳者が有力な出版社とつきあいがなく売る態勢になっていないこと。年配

の訳者が多く、韓国の今の言葉、好きな言葉、若者の言葉に近づいていないからです。

韓成禮は韓国の詩誌『詩評』『詩現実』『ひらかれた文学』などに日本の若手を熱心に紹介してくれている。権宅明も『ミネルバ』『文学と創造』などに紹介している。日本ではまだまだ韓国詩人の紹介が少ない。私はインターネットのホームページに「韓国詩のコーナー」を設けているが、大学や中高の学校で教材として利用され、反響がある。韓国やアメリカの韓国人からもメールが来る。韓国の詩人や同人誌でホームページを開設している人はたくさんいて熱意に圧倒される。

私は二〇〇〇年に『韓国現代詩小論集　新しい時代の予感』(土曜美術社出版販売)を刊行し、新世代を主に論じたが、崔泳美は東亜日報で「韓国の若い詩人に学んでいる。特に社会現実との対応に注目している」と評してくれた。日本の詩は社会ばなれで言語主義や小さな枠におさまることがあるが、韓国の新世代も政治ばなれが進んでいるとはいえ歴史現実に対する感性は鋭い。韓国の詩人と詩の紹介・研究を日本でもっと広め、両国の理解を深めたいものだ。

IV●韓国と日本――さまざまな交流

韓国アーティストが見た日本

（町田春子・訳）

日韓文化交流が広く注目を集める昨今であるが、現代美術の交流は思いのほか古く、質量ともに厚い蓄積があることはあまり知られていない。ここでは韓国を代表する美術史家がみつめた戦前から現代にいたる日韓美術交流の様相や、現代アーティストがみた日韓交流の現場のレポートを紹介する。世界的にも高い評価を受ける韓国現代美術界の一線で活躍する筆者たちの視線は、ステレオタイプのそれではない。「文化交流が大事だ」とはよくいわれることだが、なぜ大事であり、具体的に何をすべきかとなると案外難しいものである。しかし本文で紹介する記事は今後日韓文化交流をすすめるための新鮮な示唆を与えてくれるはずだ。これらはすべて季刊『ガナアート』一九九八年冬号に掲載されたものである。この雑誌は『月刊美術』『美術世界』『ａｒｔ』とならぶ韓国美術雑誌の代表格だが、特集記事の充実ぶりには定評がある。本文も「日本現代美術のパワー　日本現代作家一六人」という四七ページにも及ぶ日本美術紹介の特集から抜粋した。

日本の現代美術が知りたい

李慶成《イギョンソン》（前韓国国立現代美術館館長）

日韓美術交流の歴史は古い。だが、先史時代における大陸美術の伝播や、歴史時代に入ってから、日本にたくさんの中国美術や韓国美術が伝えられた歴史をここで取りあげる必要はない。なぜなら今回の企画では、二〇世紀の日韓美術交流を中心に、現代美術に焦点を当てて話をすすめることが適当であると思われるからだ。文化とは、互いが共に与え合い、受け入れ合うものである。したがって韓国が日本に与えたものがあれば、日本から受け取ったものもたくさんある。日韓美術交流は、一方的な流れではなく、互いに与え合い、受け取り合う過程で形作られてきたのであり、それが交流本来の姿であるといえる。

二〇世紀日韓美術交流史の軌跡

一九世紀以前、韓国美術が日本に伝えられ、たくさんの創造的な美術が生まれたことが歴史的事実であるならば、韓国より一足先に近代化した日本が、二〇世紀に入り新しい美術を韓国に伝え、影響を与えたことも事実である。そのような交流の歴史の中で、一定の美術交流が始まったのは一九五〇年代以降、言ってみれば韓国現代美術の位相の中でのことであった。

一九六九年、東京国立近代美術館で開催された『韓国現代絵画展』は様々な意味で戦後の新しい日韓美術交流の始まりであった。当時東京国立近代美術館の事業課長であった本間止義と李世得《イセドゥク》が中心となって企画したこの展示は、韓国現代美術の真髄を日本美術界に紹介する契機となり、日本画壇に大きな波紋を投げかけた。

韓国現代美術が総合的に日本に紹介された別の展示には、一九八三年の『韓国現代美術展――70年代後半 ひとつの様相』展がある。東京都美術館、栃木県立美術館、国立国際美術館、北海道立美術館、福岡市立美術館等、日本をくまなく巡回したこの展示は、一九六八年の『韓国現代絵画展』以後、比較的大規模で韓国現代美術の様相を詳細に網羅した、内容の濃い展示であった。このとき日本人の間で話題になったことを一言で述べるなら〝白の世界〟と表現できるモノ

「日本現代美術展」(1999. 9. 23〜10. 23) 展示ポスター

トーンの世界であろう。当時日本美術界ですでに活躍していた李禹煥《リウファン》を中心に朴栖甫《パクソボ》、河鍾賢《ハジョンヒョン》、尹《ユン》亨《ヒョン》根《グン》等の前衛画家たちが七〇年代の日本にコンセプチュアルアートの花を咲かせたのである。徹底的な〝白〟の追求と、色彩を排除した結果生まれるモノトーン。韓国の現代作家たちは自己の表現を開拓するなかでこのような独自性を獲得したのだった。この点について〝韓国のコンテンポラリーには色がない〟と評する人もいるが、私はこれこそが綿々と受け継がれてきた韓国美術の特徴だと考えている。

日本の作家も韓国で展覧会を開催した。交流初期の例を挙げると、一九八一年一一月に韓国文化芸術振興院と日本の国際交流基金が共同主催した『日本現代美術展――70年代日本美術の動向』展がある。この展覧会は副題のように、一九七〇年代の日本美術の動向を網羅して韓国に伝えた大規模展示であった。両国ともに国際的機関が関係し、互いに力を合わせて展覧会の準備をし、規模や内容もそれまでにないものであった。この展覧会の特色は、日本美術における形式の多様性がそのまま紹介されたということ、出品作が一九七〇年代に製作、発表されたものであるということ、出品者四六名中二名を除く全員が戦後に活動をはじめた人々であるということであった。

この展示によって、韓国作家たちは一九七〇年代の日本美術界で起こった様々な動きを一目で確認することができた。歴史的な日本美術の紹介ではなく、今日の視点からの、現代に重点を置いた美術紹介であった。この展覧会は戦後初めて日本から韓国に向かって吹いてきた本格的な現代美術の風であった。その後、韓国で開催された日本現代美術展には、一九八二年の『現代　紙の造形――韓国と日本展』（国立現代美術館）、八五年の『日本現代美術展』（ウォーカーヒル美術館）、八七年の『プリントアドベンチャー――ソウル・札幌展』（国立現代美術館）、九〇年の『日本現代陶芸展』（国立現代美術館）、九五年の『日本現代美術の断面展』（貿易センター現代アートギャラリー）、そして九六年の『現代美術日本展』（国立現代美術館）等がある。〔その後の大規模展示として、九八年に日本の目黒区美術館で開催された『日韓現代美術展　自己と他者の間』展の一部が九九年に韓国文化芸術振興院美術会館で展示された例がある。また同じく九九年には『ファンシーダンス　一九九〇年以降の現代日本美術』展がアートソンジェセンターで開催された。〕

私が見た日本現代美術

振り返ってみれば、私が初めて日本に行ったのは一九三七年であった。当初の目的は明治大学で文学を勉強することであったが、どうしたことか早稲田大学の法律科に入学することになった。しかし、韓国人美術学生イ・ナムスクの影響によって専攻である法律よりも美術に興味をもつようになった。上野の美術館や銀座の青樹社画廊、資生堂画廊それから三越画廊などをまめに見て歩きながら、日本の美術を勉強した。

当時のことで憶えているのは、三越画廊で岡本太郎がフランスから戻ってきて開催した帰国展と、資生堂画廊にしょっちゅう展示されていた東郷青児の作品である。しかし、本格的に美術に触れたのは、上野の美術館で年中開催されていた、いろいろな展覧会を通してであった。『新製作派展』『春陽会展』『日展』などは美術を勉強するための豊富な資料を提供してくれたし、日本美術とは何かを知るために役立った。

一九四五年の解放後、仁川市立博物館を設立した当初もまだ学生の身分であったため、有名作家との交流はなかった。しかし建畠覚造という彫刻家とはすでに交流があったし、田舎にいたとき近くに住んでいた福澤一郎や峰孝たちとの親交もあり、日本人作家とはそれなりに接触していたといえる。その後一〇年間の仁川市立博物館館長時代に続いて、梨花女子大学教授、弘益大学教授等、美大教授として過ごした時期にも、日本と接触を続け、数多くの作家や美術館長たちと付き合ってきた。

一九八一年、私は韓国国立現代美術館館長になった。韓国現代美術の代表者として、日本の代表的な美術館長や美術評論家たちに会うことができたが、日本現代美術の実像を把握するうえでよい立場であった。また一九九二年から三年間、東京の松月美術館の名誉館長として、東京を中心に日本の現代美術と密接な関わりをもった。

そのとき私は、韓国人ではあるけれど、日本の美術館の館長であったので、彼らと同じ立場に立ってものを考え、仕事をしていた。

このときは日本人と様々な会話を交わしたが、何度か日本の美術家たちにたずねられたのは「なぜ韓国の現代美術は、一九六〇年代に突然創造的な作家がたくさん出てきて、活発になったのか」ということであった。当時韓国の現代美術作家たちは、アンフォルメル、抽象表現主義、ポップアート、オプアート、モノクローム等、欧米現代美術の様々な動きと連動しながら、旺盛な作家活動を繰り広げていたときだった。

芸術の創造とは、作家個人の能力の所産であるのは言うまでもない。だからその時期とは、韓国現代作家の優れた才能が、歴史的に開花した時期であったということができる。しかし、より大きな視野に立ってこの問題を日本人に伝えようとするとき、それはとても難しいことであった。だから私は冗談半分、本気半分で〝韓国の現代美術がこんなに活発になったのは、振り返ってみれば日本のおかげだ〟と答えていた。韓国の近代は、日本帝国主義による三六年間の植民地支配と、それに伴う文化創造の機会剥奪によって完全に抹殺され、文化的力量も地下に埋没するほかなかった。一九六〇年代に入って、あのような華麗な歴史が花開いたのは、地下に押さえつけられていた創造力が、一九四五年の解放と同時に、外部に向かって一気に爆発したからである。〝日本のおかげ〟というのはそのような意味であった。

日本現代美術の平均点は高いけれど……

私が東京に滞在して日本の作家に接し、美術作品を見た感想は〝日本美術は平均点が高い〟ということであった。全ての作家と作品が水準以上だ。それは外国にいる日本人作家についても同様である。しかし、どうしたことかその水準以上の作家の中に、飛びぬけた人がいないのだ。例えるなら、たった一人のナムジュン・パイク〔白南準。一九三二年～　世界的ビデオアーティストの一人〕も存在しない、ということである。一方、韓国現代美術は平均点が下がっても、数人の天才的な画家たちが活力素となって、世界画壇の主導的役割を果たしている。芸術は平均点で評価されるものではなく、美

韓国で開催された日本現代美術展

展　　示	期　間	場　　所
日本現代美術展	1981.11.6-23	美術会館
現代　紙の造形　韓国と日本展	1982.12.14-27	国立現代美術館
日本現代美術'85展	1985.7.22-8.19	ウォーカーヒル美術館
動く彫刻展	1986.5.20-6.27	ウォーカーヒル美術館
'87プリントアドベンチャー ソウル・札幌	1987.7.10-8.8	国立現代美術館
日本現代陶芸展	1990.5.23-6.21	国立現代美術館
現代日本伝統工芸	1994.9.1-10.11	国立現代美術館
現代日本デザイン展		
日本現代美術の断面展	1994.8.25-9.23	貿易センター現代アートギャラリー
現代日本美術展	1996.9.5-11.7	国立現代美術館

日本で開催された韓国現代美術展

展　　示	期　間	場　　所
韓国現代絵画展	1968.7.19-9.1	東京国立近代美術館
韓国5人の作家　5つのヒンセク(白)展	1975.5.6-24	東京画廊
韓国現代美術の断面展	1977.8.16-28	東京セントラル美術館
韓国現代美術の位相展	1982.3.22-28	京都市立美術館
現代　紙の造形—韓国と日本展	1983.2.22-3.6 4.2-5.8	京都市立美術館 埼玉県立近代美術館
韓国現代美術展	1983.6.11-7.10 7.17-8.14 8.20-9.25 10.29-11.20 12.8-27	東京都美術館 栃木県立美術館 国立国際美術館 北海道立近代美術館 福岡市立美術館
'92韓国現代美術展	1992.2.22-3.29 4.10-5.10 5.16-6.7 7.4-8.9	下関市立美術館 新潟市立美術館 笠間日動美術館 三重県立美術館
韓国現代美術12人展	1993.7.24-9.15	宮城県立美術館
還流—日韓現代美術展	1995.7.14-9.2	愛知県立美術館 名古屋市立美術館
心の領域—1990年代の韓国美術展	1995.7.29-10.10	水戸美術館
90年代の韓国美術—等身大の物語	1996.9.25-11.17 12.5-97.1.26	東京国立近代美術館 国立国際美術館
日韓現代美術展	1998.10.15-11.23 1999.4.8-5.16	目黒区美術館 国立国際美術館

(整理：キム・ダルジン　ガナアート資料室長)

術史も、破格的な天才や伝統を壊す鬼才たちによってリードされるものである。これが日本の現代美術と韓国の現代美術の最も大きな違いではないだろうか。この意見については日本の美術館長や評論家たちも同意している。

最近になって、突然日本文化が開放されたようなことが言われているが、美術の場合、それは当てはまらない。

すでに述べたように、美術分野ではこれまでの三〇~四〇年間、優れた展示会が日韓両国を行き来して開催されてきたし、たくさんの美術家が昔から交流を続けている。

したがってそのような話は、映画や漫画のような大衆芸術分野には当てはまるかもしれないが、美術には当てはまらない。

ここで両国の美術文化環境について、文化開放や日韓美術交流といった恣意的なテーマに関連しつつ一言述べるなら、果川国立現代美術館は日本の現代美術を常設していないが、日本の福岡市立美術館、広島現代美術館、札幌近代美術館などでは韓国現代美術室を常設している。そのほか、多くの美術館が韓国の代表的な作家の作品を常設しているのである。このような現象は、美術政策家である私としては大変恥ずかしいことである。なぜなら芸術には国籍がなく、芸術作品というひとつの価値のみが問題であるからだ。

文化の一方通行はつまらないもの

河鍾賢《ハジョンヒョン》（弘益大学教授）

一九七二年は私が生まれて初めて個展を開催した年である。その初めての個展を日本で行ったとは、今考えてみても、まったく大変なスタートを切ったものだと思う。

なぜなら当時の韓国の実情として、普通の人が海外で作品展を開くなどということは、想像すらできない時代であったからだ。渡航先の招待者や、航空券を用意するのはもちろんのこと、滞在に要する費用一切を負担するという内容の、法的公証を受けた財政保証人まで揃えなければならない時代であった。完璧な書類が添付されていない限り、パスポートが発給されなかったのである。

とくに朝鮮総連が活動している日本の場合、その厳格な身元調査のせいで、ほとんどの人が書類手続きの途中であきらめてしまうのが常であった。

日本で韓国現代美術が紹介されたのは一九六八年、東京国立近代美術館で開催された『韓国現代絵画展』が嚆矢である。これを除けば、韓国現代美術に対する理解や情報は、ほぼゼロに等しい状態であった。だから日本の人たちが、私の個展に興味と関心を持ってくれたのも、自然の成り行きであったのだろう。当時は誰なのかよくわからなかったが、日本で活発な活動をしている作家や美術評論家たちがたくさん訪れ、韓国現代美術の現住所を部分的に確認しつつ、大いに励ましてくれたことは今でも鮮やかに覚えている。

その後もさまざまな団体展や個展に出品してきたが、日本の鎌倉画廊と縁が結ばれたのは一九八五年のことである。鎌倉画廊は、二～三年の間定期的に個展を開催したり、画集を発行したり、美術館に作品を収蔵するようはたらきかけてくれたし、機会あるごとに海外のアートフェアーに紹介してくれるなど、韓国の画廊もなかなかできない仕事を引き受けてくださっており、大変感謝している。

その間日本では、東京都美術館をはじめ全国の県立、市立美術館が韓国現代美術を紹介する企画を先をあらそって企画し、これによって多くの韓国作家の作品がコレクションされ始めた。特に福岡美術館などは、韓国作品で小規模美術館を建てることができるほどコレクション数が多い。日本は韓国と違い、昔から地方自治制が実施されている国だ。その地方出身の作家、日本を代表する作家、欧米の代表的な作家の作品等々もコレクションしなければならないことを考慮するならば、韓国作家の作品をコレクションするのはそれほど易しいことではないと思う。しかし、それにもかかわらず、彼らは韓国作家の作品を機会あるごとにまめに購入し、体系立てて整理しているのである。それにひきかえ、われわれは今まで何をしてきたであろうか。われわれ自身に問い返してみたいものである。われわれは意識の底で、日本を拒否し、無視し、大いなる偏見の眼で日本の現代美術は欧米の模倣程度のものだと見做し、あえて認めようとしなかったのではなかっただろうか。

韓国が、アンフォルメルだ、モノクロームだ、民衆美術だ、と美術の一般的な型にとらわれていた頃、彼らは広い視野から今日を見据えてきた。日本の〝具体〟や〝もの派〟等はすでに世界美術史の中に確固とした位置を占めているではないか。

道路にしろ文化交流にしろ一方通行はつまらないものだ。日本との文化交流が本格的に始まろうとする出発点にあたって、過去にばかり執着せず、日本を過大評価も過小評価もせず、ありのままの実態を把握し、研究することをためらってはならない。欧米に向かって東洋をアピールしようとするならば、日本は唯一の同伴者であるからだ。

文化開放とその代案を考える

全《チョン》壽《ス》千《チョン》（韓国総合芸術学校美術院教授）

ある時期、韓国経済がとどまるところを知らぬ好景気に沸いた数年前、東京を旅行した中学生に日本の感想を尋ねたことがある。「東京はソウルと同じでしたよ」とその中学生は答えた。その答えは正しい。都市の風景は表面的にはわれわれのそれと変わらないからだ。最近日本文化開放という政策が発表されてから、映画をはじめ、日本の大衆文化が入ってきている。多少遅すぎた感じもする日本の大衆文化開放は、当然の成り行きであろうし、私としても反対するつもりはない。大切なのは、受け入れるわれわれの姿勢はどうあるべきか、認識することである。日本を旅行したその中学生の言葉のように、都市にそびえる建物の外見はわれわれと変わらない。しかし建物の構造や施設までよく見てみると、ずいぶん違うことが分かる。日本の大衆文化を受け入れるわれわれの姿勢が、建物の見かけだけで判断した中学生のような、単純なレベルであってはならないであろう。問題の核心は、最近の若い世代の日本文化に対する認識が、対策を立てられないほど無節制であり、自分たちのアイデンティティーさえ自覚できない傾向があることなのである。日本の大衆文化を受け入れるにあたっての環境づくりと、意識教育が切実に要求されている。

では翻って純粋芸術はどうであろうか。実は、純粋芸術の分野では、ずっと昔から数多くの交流が行われてきた。個展や交流展等、多様な展示が東京とソウルを中心に活発に行われている。数年前、私は東京国立近代美術館が企画した『形象の間』展に参加したことがある。美術館のキュレーターが展示計画を立てた時期はオープニングの二年半前であり、作家を発掘し、参加作家に伝えたのは一年半前であった。私が参加作家に選ばれるとニューヨークにある私の作業室にキュレーターと学芸室長が一回ずつ訪ねてきて、作業の進行状況を見たり、展示の日程や準備状況、運搬の問題はもちろんのこと諸般の事項について緻密な打ち合わせをした。展示が始まるまで随時話し合い、情報も与えてくれ、美術館との意思疎通が円滑に進むよう配慮してくれた。

人は、何かあることをしようとして、それがきちんと成し遂げられるとき、達成感に酔い、満足を得る。そのときの達成感には私的なものと公的なものがある。時々作家が自分のステイタスや優越感を見せびらかすために、大きな展示を企画することがある。しかし拙速な準備によって展示の目的をあやまったり、優れた研究・企画能力が不足していたり、現代を含む美術史を専門的に専攻したことがない人がキュレーターという名刺を持ち歩いて功名心で展示を企画し、失敗する例をわれわれはしばしば見てきている。

日本文化を開放するにあたって、少なくとも純粋芸術分野では作品の水準やアイデンティティーの面で心配することはないと思う。重要な問題は、芸術分野を支援する政府や美術館、評論家、キュレーター、文化芸術を管掌する公共団体や企業の、姿勢と資質だと思う。私が体験した日本の政府、美術館、美術専門家たちは、東京国立近代美術館の例のように、予算、準備期間、作家選定、企画力等からみて長期的な視野と専門性を備えており、緻密な準備と計画を実行していた。二一世紀は文化の世紀だといわれている。形ばかりではない、実質的支援と深い専門性のうえに、きちんとした準備と資質に支えられた客観的代案を模索してこそ、韓国は名実ともなった文化立国となることができるだろう。

札幌美術交流体験

チョ・ヨンドン（画家、誠心女子大学教授）

北海道は日本最北端の島であるが、実質的には大きな陸地である。

広さは日本の全面積の五分の一であるが、人口は二〇分の一である。本州とは異なり亜寒帯に含まれる寒冷地であり、札幌市の中央通り公園には原始林が今もそのまま保存されている。札幌はまだ歴史の浅い都市だ。一八六九年、明治時代にアメリカの西部開拓にならって多くの人力と物資を用いて鉄道を敷設し、もともとそこに住んでいたアイヌ民族を押しやって、新たな文化を築いた場所である。現在は独立した経済力をもつ大産業都市として発展しており、まるでアメリカのヒューストンのような開拓新都市の感じがする。さらに、平均一一～一二メートルの積雪量と寒さに適応するための建築は、欧米の伝統と日本の伝統を融合した、機能的でありながらも新しい造型感覚を備えた様式であり、簡潔で独自性のある都市を形作っている。

このような地理的、歴史的背景のためか、美術文化も本州からできる限り脱皮して、地方の独自性を追求することにこだわりがあるようだ。札幌とソウルの美術交流は一九八三年の『環太平洋』展や、札幌の『プリントアドベンチャー』展、『トゥデイ』展、それからハ・ドンチョル氏が中心となって文芸振興院で開いた展示に始まる。以降一九八五年から一九九六年まで絵画、彫塑、版画などが交流展や個人展の形を通して、毎年かわるがわる、札幌とソウルを行き来している。これに参加した韓国作家の数は一〇〇名を越え、札幌を中心とする北海道の作家も三〇名を越した。最も大きな規模の交流展は、一九九二年ソウル市立美術館全館で開催された交流一〇周年記念展である。ソウルの作家五二名と札幌の作家二八名が参加して、絵画、彫塑、版画、インスタレーション等が展示されたこの展覧会は、名実ともに現代美術の全貌を窺えるものであった。

札幌の作家たちの作品は、立体の場合、特に木の彫刻が精巧で繊細である。日本的な線描構造を造形化した、静かな余韻を残す作品が多くみられる。版画や絵画作品も、ミニマルパターンの交差がつくりだす波紋が沈潜する、安定感のある作品（矢崎勝美）が多かった。彼らの作品に、われわれのような感性的で訴求力のある恨であるとか、表現主義的な傾向があまりみられないのは、生活自体に特殊な信仰の土台がなく、経済中心主義の叫びもないからであろう。また、大きな煩悩や抵抗する必要のない文明生活に適応し、そこに安住しているからではないかと思う。一方で、アイヌ文化に根ざしたスケールが大きく原形的な、自然本来の感じを力強く追求している彫刻家、阿部典英の木の芸術や、北海道特有の巫俗的観念を様々な色の布で華やかに組み合わせ、日本衣装の色彩と幻想的な深みを表現した米谷の連作等は、北海道の独特な地域性をよく生かした作品である。

このようにソウルと札幌の交流は長い間続いてきた。特に、私は今回、日本による植民地時代、われわれ朝鮮人が無慈悲に犠牲になったある炭鉱を訪ねたのだが、そこで日本人から聞いたのは、心のこもった謝罪の言葉であった。お互いの考え方について、文化について、やり取りし合う交流は、様々な面で深い意味を持つと思う。今後、政府支援のもときちんとした計画を立て、作家選定委員会も組織するなど、より体系的な交流が進むことが期待される。

共通理解の可能性を秘めた美術表現

ハン・ミエ（ソウル市文化情報企画団）

韓国と日本、両国における近代美術は、西欧に対する憧れに基礎を置く、西欧近代美術導入の歴史であるといっても過言ではないだろう。少なくとも、その頃からハイ・アートとしての〝美術〟は、両国の生活と結びついた伝統美術を一段低いものと見做すことにより、生活世界から断絶され、制度化されていったのではないだろうか。

しかし、欧米の近代美術それ自体が方向性を喪失し沈滞している今日、近代の束縛から解放され、芸術の原点に戻って、近代という時代が形成してきた価値を再編成しようという機運が起こっている。これにともない、近代主義美術によって否定されていた生活世界内で育まれてきた、伝統美との繋がりを探求しようとする作家が増えてきた。

第二四回サンパウロビエンナーレに両国の作家、キム・スジャと久野利博が選ばれたことは、以上の観点から見ても大変興味深い。キム・スジャは布や古着を使った作業をしている。彼女は名も知らぬ女性たちが縫った美しいパッチワークの風呂敷〈ポジャギ〉の伝統を、現代美術の文脈上に生き返らせている。赤、緑、原色の色が鮮明な布は、新鮮な色彩の世界を展開すると同時に、生の本質と伝統の匂いを視覚化している。キム・スジャが持続的関心を寄せるのは、布が象徴する〝生〟の問題であるが、この問題を現代美術に接木するために、映像やパフォーマンス等、さまざまな表現方法を追求しているのである。

久野利博もやはり近代以降、次第に断絶した生活世界との繋がりを追求することによって独特な作業を展開している。彼は主に木材のベンチや黒い砂、ロープ、針金、杓子、電球、壺、灰、塩、米など、自然に近く、日常生活で見慣れたものを用いている。彼は民俗芸術に対する関心を、これらのものを設置することによって示しつつ、芸術、生活、呪術がひとつのかたまりとなる総合的な場を、現代的に回復することを試みるのである。

二人の現代美術家が使用するモノは、ともにわれわれの記憶の中にある原形的なものとの繋がりをもつ。それは意識の主である人間の基本的な生活行為と深い関連を持っており、一般的に西欧の近代美術が追求してきた〝美〟の観点からは距離がある。そのようなモノに潜む美しさを、新しい美として昇華する行為には、それぞれの生活世界に根ざした歴史性と社会性を保ちつつ、いかに現代美術を定着させるか、という絶え間ない探求の努力が内在するといえるだろう。

サンパウロビエンナーレで二人の作品が高く評価されたということは、土俗的、民俗的素材が根源的感動を与えうるということである。それらは現代美術における、共通理解の可能性を秘めた表現である、と強調したい。また、そのような表現方法をみつけ出すことが、今日両国の芸術において何よりも切実に要求されているのではないかと思う。

「日韓」を超越する視線の開放

李美那《イミナ》（静岡県立美術館キュレーター）

東京の目黒区美術館で開催された『日韓現代美術展　自己と他者の間』（一九九八・一〇・一五～一一・二三）はモダニズムの受容と克服を軸に、大家と若い作家たちが一堂に会した点で興味深かった。特に最近の若い作家たちの現状がよく現れており、また、日韓という二文字をめぐる視線についても考えさせる内容であった。

やなぎみわ（一九六七～）は写真とコンピューターで作り出した異常なほどの清潔感が漂う空間に、上品なユニフォームをまとったエレベーターガールたちを配置している。やなぎによるとエレベーターガールは日本独自の存在である。作品の中の彼女たちは退屈な様子であり、その視線が交差することはない。そこには消費社会の飽くことなき欲望に対する批判と、フェミニズム的視線を読み取ることができる。しかし何よりも印象深いのは、いつか夢で見たような、どこかにありそうなのにどこにもない、〝現存しないリアルな空間〟である。

崔正化《チェジョンファ》（一九六一～）はより直接的に現実からモティーフを借用して、警官の制服を着たマネキンを展示場に登場させて観客を驚かせた。権力を部分的に表象する警官のマネキンが、本来存在すべき文脈から外れた場所に出現することによって、ユーモラスでありながらも、なぜか奇妙な感じを与えている。虚と実の間隙を鋭く突いた作品といえるだろう。

彼らはエレベーターガールや警官マネキンという、それぞれが基盤を置く社会に固有の記号を作品に利用してはいるが、作家の論理と作品の意図は日本や韓国という枠を必要としていない。彼らの作品では、いわゆる「日韓」という盾がその効力を発揮することはできない。互いが背負う社会的、歴史的背景に対する尊敬は、意思疎通の基礎にはなるだろうが、その枠の中に互いを閉じ込めておく必要はないだろう。「日韓」というこの二文字は、必要以上に自分たちを意識させる妙な力を持っている。開放とは、この力からの開放を促進する努力を意味するのではなかろうか。

最近の興味深い事例を挙げるとすれば、九七年九月から一〇月にかけて、法隆寺の国宝観音菩薩立像がパリで展示されたことである。日本とフランス両国が重要な文化財を交換展示する、国家レベルの計画の一環であった。この仏像は、日本で広く愛されている七世紀中葉の仏像であり、古代東アジアの国際交流の産物であるという事実のほかは、どこで誰がつくったのかさえ確認されていない。現在は法隆寺の「百済観音」として知られ、国宝指定を受けている。つまりこの仏像は、百済との関連はさておき、〝頭のてっぺんから足の先まで日本的〟とはいえない、異質なものをも含めて親しまれてきたのである。これまでずっと、その美しさがほめたたえられ、大切に扱われ、ついには日本からフランスにまで渡ったのである。私は、文化とはそのようなものではないか、と考えている。

文化における日韓の開放とは、互いの比較というレベルではなく、より広く遠いところから互いの顔を見つめ合って、自分たちを客観化する機会を広げることだと思う。「日韓」を超越する視線の開放こそが、〝開放〟の意味するところになればと望んでいる。

ゆるやかにつながる

◆韓国環境運動との交流から

森 良

「持続可能な開発」？

昨年の日韓合同授業交流会（第七回、二〇〇一年七月二八～三〇日、神奈川県三浦）の環境分科会でこんなやりとりがあった。

韓国側のリーダー格の一人である李仁植《イインシク》さん（馬山中学校教頭・ウッポ沼生命学校代表）が発表した「セマングムと馬山湾埋立て反対の環境授業」の内容に関して、中国からオブザーバー参加していた一人の教師の一人が「政府が埋立てをするのには理由があるのではないか」という疑問を呈したのである。

このやりとりは、国境を超えて環境教育者のネットワークをつくっていこうとしているわたしたちにたいして、いくつかの問題を投げかけている。

第一の問題は、すでに行きすぎた工業化と開発の反省期に入っている日本、いままさにガンガン開発が行われあちこちでそれにたいする抵抗が起こっている韓国、そしてこれから開発を進めていこうとする中国という東アジアの不均等発展の構図を背景にして、開発にたいする考え方の違いがあらわれているということである。

第二の問題は、運動・実践と教育をどのように関連させていくのかという問題である。

ここでは第一の問題、つまり「持続可能な開発」の内容についての意見の違いについて考えてみたい。

九二年の地球サミット（環境と開発に関する国際連合会議）で世界一八〇カ国の政府が合意した「アジェンダ21」（世界的な環境保全の計画）で謳われた環境保護の理念は「持続可能な開発」（Sustainable Development）であった。これには「将来の世代のニーズを満たす能力を損なうことなく、今日の世代のニーズを満たすような開発」という定義が与えられている。

この抽象的な文言以外に「持続可能な開発」の基準は示されておらず、北（先進国）も南（途上国）も自分の都合のよいように解釈できる。そこで問題なのは、この言葉に中味を与えることである。そしてそのためには、お互いの信頼関係にもとづいた腹を割った率直な討論を積み重ねていくしかない。

わたしたちが日中韓の環境教育実践者のネットワークをつくっていこうとするのは、お互いの実践交流と環境教育普及の仕組みづくりについての相互アドバイスをするという直接的な目的によるばかりではない。「お互いの信頼関係にもとづいた腹を割った率直な討論の積み重ね」こそその根本的な目的なのである。

なにが持続可能な開発なのかは、個々の具体的な問題に沿って具体的に検討するしかない。例えば今回問題になった干潟や湿地の埋立てについては、渡り鳥の中継地の確保や生息する生物の生息地の確保と人間活動のバランスを考える必要がある。大規模な工業化と開発以前の人間活動は干潟や湿地の存在を前提としていた。有明海での多様な漁業活動をイメージすればよい。開発に賛成、反対という議論の仕方ではなく、どういう開発なのか、自然の循環や多様性、つながりを壊す開発なのか、それともそれに沿ってそれを活かす開発なのかの中味を問わねばならない。

成熟に向かう韓国の環境運動

中国からの参加者の異議にたいする韓国人の参加者の対応は「大人の対応」であった。つまり先に述べた「東アジアの不均等発展の構図」に配慮して息の長い議論をしていこうというものであり、参加者一同はそれに同意した。

この会の直前に行われた「東アジア環境教育交流ワークショップ」（第一回、二〇〇一年七月二三～二五日、国立赤城青年の家）では、先の中国人一一人と李仁植さんを含む韓国人一〇人、日本人二〇人が参加して次のことを確認した。

(1) 日中韓の環境教育ネットワークを推進するために各国に幹事を置く。

〈代表幹事〉 金丹実（日本国自治体国際化協会北京事務所）

〈中国幹事〉金丹実、周又紅（北京市西城区青少年科技館教師）、劉克敏（同）、李力（同）、韓静（北京市朝陽区青少年活動中心科普部部長）
〈韓国幹事〉李炫珠（マチャン環境運動連合湿地保全運動担当）、諸恵珍（韓国放送大学校日本学科）
〈日本幹事〉森良（エコ・コミュニケーションセンター代表）、大倉寿之（WWFJAPAN職員・環境教育担当）、藤公晴（日本環境教育フォーラム職員・途上国プロジェクト担当）

(2) 各国でネットワークの実務を行うサポートチームを組織する。サポートチームは、このネットワークの趣旨を理解し、日中韓の各国語を理解する留学生や学生などから成り、各国の言語の壁を超えていく重要な役割を果たしていく。

(3) 参加者一同は東アジアの環境保全と平和を推進する立場から、日本の歴史教科書問題が平和的、友好的に解決されることを願う。

(4) 「東アジア環境教育交流ワークショップ」は継続的に開催することとし、来年は一応日本での開催を準備するが、韓国での開催の可能性を検討し追求する。

最後の(4)の内容についてもう少し説明しよう。この提案は韓国側参加者からなされたものであり、わたしはそこに韓国の環境運動の担い手の意識の成熟を見るからである。

韓国からの参加者は次のような人々である。慶南地域の干潟・湿地の保護とそれにかかわる環境教育を実践している八人（教師と環境運動連合の専従など）、水原環境運動センターの事務局長と水原環境教師の会の教師の二人。

八七年の民主化以前の時代では、韓国で公害や環境に取り組む市民運動は、すべて反政府運動とみなされ、運動の発展は抑圧されていた。しかし、八七年以降の民主化の過程では、一斉にさまざまな環境運動が登場し、活発に活動が展開されている。

このような出自を持つ韓国の環境運動は、必然的に公害や自然破壊への異議申立て、反対運動としての性格を色濃く持ってきた。しかし、例えば水源環境運動センターの取組みに見られるように、環境まちづくりのための提案型の運動も始まっている（ローカルアジェンダ21(注)を判定した自治体は九八年時点でソウル特別市をはじめ十数団体）。水原環境運動センターは、緑色交通運動や河川の多自然化、緑の消費者運動などに取組んでいる。

こうした環境まちづくりの取組みは、市民運動のみの力によっては成しとげることはできない。行政や企業との連携・協働（パートナーシップ）が必要になってくる。

韓国側参加者からの、韓国での開催を追求するとの提案は、行政の補助金や民間の助成金、企業からの寄附などの財源を確保することを追求してみるという意味を持っている。

わたしは市民運動の側がこうしたファンドレイジング（財源確立）のニーズを持って行政・企業にアプローチすることはきわめて大切なことだと思う。なぜなら、それに答えていく努力を双方が行うことによって市民社会形成のためのインフラが整備されていくことになるからである。

（注）ローカルアジェンダ21
自治体の持続可能な地域開発のための計画。アジュダ21の第26章「地方公共団体のイニシュアティブ」に謳われている。

地方自治と市民参加の形成へ

こうしてみると、韓国での環境運動の次の課題のひとつは、金大中政権の民主化政策のひとつとして展開されるであろう地方自治の形成に、地域から主体的に参画し、地域の学習と市民参加の仕組みづくりにチャレンジしていくことではないかと思われる。

韓国の地方自治について盧《ノ》隆《リュン》熙《ヒ》教授（ソウル大学校環境大学院名誉教授・立命館大学政策科学研究科客員教授）は次のように分析している。

> 一九九一年度からの地方自治制の復活実施により、五千名近い新しい地方エリートが生まれ、この集団からの分権化に対する声が強まってきた。それで、地方政府の組織権、人事権、財政権に関する自治権の拡充を目的とする制度的措置の改正が焦眉の急であることがようやく認識され、中央政府と国会が制度改正のための検討を始めたのは、鼓舞的現象だと思われる。いずれ、国家委任事務の整理、一部国税の地方委譲、国庫補助金の一括化、地方財政制度調整制度（地方交付税、地方譲与税）の整備等の制度的改正が地方分権を強める方向に進めば、韓国の地方自治は本軌道に乗るものと期待されている。ただ、環境の世紀といわれる二一世紀を目の前に控えている今自分、地方財政の拡充を建前とする混乱開発地域開発が公選公職者により恣行されている現状は嘆かわしいことである。

（社）大阪府自治体問題研究所編『東アジアの地方自治』盧隆熙「韓国地方自治の回顧と展望」）

こうした分析の上に立って盧教授は、韓国の地方自治の発展のための課題を八つあげている。

(1) 地方自治権の強化
(2) 地方行政機構の改革
(3) 地方財政力の強化
(4) 生産的な議会政治の創造に向けた議会制度の改善
(5) 持続可能な地域発展
(6) 情報化・国際化時代に対応する地方自治
(7) 新しい自治文化の形成
(8) 政府間の協議・調整機構の強化

ここでは本論の冒頭の問題関心に触れている(5)の一部を紹介しておく。

地域開発の分野においては特に留意する点として、地域所得の増大と地方財政力の増大という近視眼的な利益にとらわれ、再生力が弱い地域の自然資源を枯渇させ、地域社会の汚染を引き起こす可能性が大きい「外来型産業」を無原則に誘致することは避けなければならない。特に、伝統文化、職人による生産など郷土の知的財産と地域内の資源を活用できる地場産業を育成していく内発的発展、さらに、環境にやさしい、持続可能な発展が成立するようにしなければならない。

ただし盧教授が提起している課題は、いずれも行政サイドのものであって、地方自治の確立はそれを担う市民自治の形成なくしてはありえないという課題をつけ加えたい。

市民自治の形成は、水原環境運動センターなどが取組んでいる環境まちづくりのプロセスでの市民参加や市民・行政・企業のパートナーシップをつくりだすことによって進んでいくものと思われる。そしてその基盤は、李仁植さんをはじめとした環境教育者が、学校や地域で展開している環境教育をはじめとしたコミュニティ教育によって形成されていくことだろう（これについての詳しい説明は拙著『コミュニティ・エンパワーメント』萌文社を参照してほしい）。

注視される日本の選択

公害と乱開発の七〇～八〇年代を通りぬけ、公共事業の見直しも始まった現在の日本が、環境と開発の問題についてどのような選択をしていくのかを韓国の人びとは注視している。よい先例となれば、行政や企業の横暴に抵抗している人びとがそれを覆す根拠や材料を提供することができるだろう。

今回例として取り上げている干潟の問題を見てみよう。

諫早湾では二〇世紀の開発の論理がまかり通っており干潟の生物と漁民が苦しめられている。藤前干潟では名古屋市がごみ処分場の建設を断念し、市民とともに本腰を入れてごみ減量に取り組み始めている。そして東京湾の三番瀬では千葉県知事が埋立て計画を撤回し保全へと大きく動き出した。この二つは二一世紀の開発のありようを提示している。

そしてこうした動きを加速させられるかどうかは市民の力次第なのである。

日韓の市民社会の比較

このように述べてきたからといって、わたしは韓国の市民運動が日本と同じような発展の道をたどるべきだなどと主張するつもりは毛頭ない。日韓それぞれの市民運動の発展の経緯、プロセスはそれぞれ独自のものになるだろう。しかしお互いの特徴を認めあうことによって学びあえることも大きいのではないかと思う。

このテーマはそれだけ取り上げても一冊の本ができてしまうほど大きく、しかもおもしろいテーマなのではないだろうか。ここでは充分に調査・分析をして詳しく述べることはできないので、わたしが感じていることを印象的に述べるにとどめたい。

韓国では四〇年にわたる長い民主化闘争の歴史が、行政や企業に対してかなり強い独立性を持った市民運動を育んできたと言える。またその基盤となったクリスチャンの数がかなりの割合を占めることや拠点としての教会の存在も大きな影響を与えている。それは、日本の社会の中に献金・寄附の文化が根づいていない（そのことがNGO・NPOの会員数や寄附が少ない原因となっている）ことと比べるとよくわかる。

日本の最大の環境NGOである日本野鳥の会で会員三万人、専従者数十名といったレベルであるのに対し、韓国環境運動連合はソウルの本部に一〇〇名近くの専従者を持ち、各地域支部も二～三名の専従者を持っているという。

日本の地域の市民団体はいずれも多くて会員一〇〇名くらい、事務所もなければ専従もいない、年間二〇〇〇円程度の会費はすべて通信の発行・郵送に消えてしまうというレベルである。

市民自治の機構としての自治体

しかし日本では地方自治制度が確立されており、例えば公害を解決するにあたっては自治体が大きな役割を果たした。後手後手にまわる国に先行して独自の公害規制条例や企業との協定締結を進め、それが公害六法の成立につながっていった。最初に住民運動が起こるが、同時に被害の実態調査を含めて重要な役割を果たしたのは地方自治体であった。

現在の自治体のトピックは、総合計画や環境基本計画、都市計画マスタープラン、福祉のゴールドプランなどの自治体計画や政策を市民の参画によってつくっていく市民参加である。計画策定のプロセスばかりでなく、決定→実行→評価→実行というすべてのプロセスに市民が参画し政策の実行に責任を持つ時代になってきた（詳しくは高橋秀行『市民主体の環境政策』公人社参照）。

これまでは、自治体＝行政と考える人が多かったと思うが、市民自治の機構としての自治体という本来の姿に、市民の側の努力とそれを受け入れる行政職員のおかげによって近づきつつあると言えるだろう。

そこで問われるのは、市民の自治能力・政策形成力である。そしてそれは、地域を調査し、分析し、課題を整理し特定してプロジェクトをつくり、実行していくというコミュニティでのアクションリサーチ的な学びの深まりと広がりによって形成されていく。

わたしは、この教育のコミュニティ・エンパワーメントとしての側面を韓国でも重視していってほしいと考えている。

東アジア規模での交流へ

先に紹介した「東アジア環境教育交流ワークショップ」参加者の言葉を紹介して結びとしていきたい。

韓国の高校で歴史を教える諸恵珍《チェヘジン》さんは、教科書問題について「政府同士がかたくなになっているだけだと思う。私は、小さなことだけど民間交流を進めて、一緒に生きていきたいという気持ちが強い」と語っている。

また日中韓の環境教育ネットワークの代表幹事に選ばれた金丹実さんは、自らの出自とこれからの人生の選択を次のように述べている。

私は、民族自治地域に指定された延辺朝鮮族自治州の州都・延吉市に生まれ育ったいわゆる在中国三世で、ネイティブは朝鮮語です。高等学校まで民族学校に通い、すべての授業をハングルで受けました。高卒後、長春の東北師範大学で中国文学を専攻し、芥川龍之助の作品に魅かれて吉林大学の大学院に進学、日本近代文学を専攻しました。

卒業後、中国の文化部が発行している日本向け月刊雑誌『人民中国』に配属され、日本語を使って中国の政治・経済・文化を日本に紹介する仕事に従事して一一年になります。

しかし、今年五月、私は一二年間勤めた『人民中国』雑誌社を退社しました。きっかけは昨年の慶州交流会（第六回日韓合同授業交流会）です。日韓のみなさんが不幸な近代史を乗り超え、歴史・教育・文化・環境などとめぐって交流する真摯な姿に胸を打たれると同時に、中国—日本関連に偏りすぎたため母国について知らなさすぎ、母国語を忘れかけている自分を発見し、苦しみました。とくにポハン（浦項）の海辺に立って、酒が入ると「俺が死んだら骨をドゥマン江に流してくれ。ウリナラ（母なる国）の東海に帰りたいんだ」と言っていた亡き父を偲んで涙したときの思いが、私にフリーランスを目指す決心をさせました。朝鮮半島にルーツを持ち、日本の侵略という歴史的経緯を経て、中国に生まれ育ち、いま世界の注目を浴びている北京に生きる人間として、これから韓国をもっと勉強し、北朝鮮を含めた東アジアをテーマに仕事をしていきたいと思っています。

偏狭なナショナリズムに身を委ねる人ばかりではないのだ。こうして顔と顔の見える交流の積み重ねによって新しい東アジアを展望する人たちも確実に登場している。

「新世紀韓国人の日本観」は新しい東アジアへのまなざしにひろがっていくことを求められている。日本人にとっても同様である。

韓国人の日本観

◆一九四五〜二〇〇一

石坂浩一

はじめに

これまで、日本でも韓国人の日本観、ないし日本認識を紹介する本、考える本が出されてきた。その多くは翻訳による紹介であろう。韓国人の日本認識のあり方についてのきちんとした整理はあまり見当たらない。これは研究者の怠慢というべきことではないだろうか。最近目につくのは「韓国人の対日観に特徴的なのは、反日と親日、反発と誘引、敵意と敬意が交錯するアンビバランス（両価性・両面感情）の性格」だとする鄭大均《ていたいきん》『日本《イルボン》のイメージ——韓国人の日本観』（一九九八、中公新書）のような考え方、あるいは呉善花《オソィファ》の一連の著作の日本礼賛論のたぐいである。

呉善花についてはは研究書ではないのでここではおくとして、鄭大均の本にはさまざまな問題がある。まず韓国人の日本観を「アンビバランス」で解こうというのだが、人種間、民族間の葛藤を考察する場合、現象的にこうしたアンビバランスはいずれにおいてもあらわれるものであり、日韓の関係性をとりたてて解明したことにはならない。

もうひとつ、『日本のイメージ』は相当量の引用によって成立している本だが、その引用のしかたはとても恣意的である。たとえば「今や韓国でも忘れられた存在である」と鄭大均のいう宗教者咸錫《ハムソ》憲《コン》は、韓国の歴史教科書に見られるような「栄光史観」ではなく、屈辱の歴史を直視しており、高く評価すべきだという。だが、咸錫憲は鴨緑江を越えて中国に版図を広げた高句麗の「雄大」さをたたえている。個性的だがやはり栄光の民族主義にちがいない。

鄭大均はこの本の中では明確に述べていないが、植民地支配がありうべからざることという前提で考えているのかがはっきりしない。朝鮮半島の政権が日本を侵略したり支配したことはない。実際の歴史の中に一方的に存在した、ありうべからざることがらについて、故意に判断を避けているようである。

また、日本のマスコミで近年よくいわれることとして、韓国の政権によって対日関係は政治の道具にされてきたという点がある。これもいつのまにか（九〇年代半ばからか）日本のマスコミの「常識」のようになってしまったが、歴代政権によって日本との関係の意味は全くちがう。それを捨象して語るのは問題だし、この発想自体が「日本は過去の植民地支配の清算の問題で韓国にやりこめられてきた」という被害者意識からくるものではなかろうか。しかし、日韓関係は韓国だけで作り上げたものではない。今日の現実は日韓条約のゆがみから来ていることを、日本のジャーナリズムもよく考えてほしい。

一九九九年九月、ソウルにおいて歴史問題研究所および歴史批評社の主催で「近現代韓日関係の展開と二一世紀」と題したシンポジウムが行なわれた際、韓国人の日本観についてソウル市立大の鄭《チョン》在貞《ジェジョン》教授が、日本人の韓国観について私が報告した（記録は『歴史批評』第四九号、ソウル）が、鄭在貞の報告も個別的な点では教えられることがあったが、体系として提示された内容ではなかった。

では韓国人の日本認識を考える際にどのような点をポイントとすべきだろうか。まず第一に、朝鮮半島が分断され南北のイデオロギー対立が周辺地域や人的関係にも影響をおよぼしたという基本条件をふまえるべきであろう。分断は日韓関係にゆがみをもたらしたし、韓国人の日本認識を制約した。

第二に、単に日本についての見方を、言葉の断片で切り取って考えるのではなく、政治・社会・思想状況の変数と合わせて総体的な位置付けを与えつつイメージを形成すべきである。これをもう少し敷衍すれば、その人や集団の立場、位置によって、当然ながら日本認識も規定されるということだ。いいかえれば、すべての韓国国民共通の日本認識を安易に措定することはできない。具体的に現代史の推移にそっていえば、民主化の進展の過程でそれを推進する勢力と保守勢力との対抗関係が、日本認識を規定するひとつの要因になっている。従って、政治家・マスコミ・知識人など、それぞれの日本認識が個々に把握されることで全体像に迫れるだろう。

第三に、一九八七年の民主化宣言以降の民主主義の実体化のプロセスに至る以前は、政治的自由が制約されていたことを指摘したい。

第四に、日本認識が多面化されるにつれ、それをとらえるアプローチも多様化する必要があるということだ。菅野朋子『好きになってはいけない国——韓国J・POP世代が見た日本』（二〇〇〇、文芸春秋）は面白い本である。ジャニーズ・ジュニアが大好きな韓国の若者たちとつき合いながら書かれたこの本は、日本の芸能人に好感を持ってくれることを嬉しく思いつつ、でもなぜ日本という国については好きだといわないのだろうか、という疑問を解くために書かれ、結局疑問は解かれずに終わっている。大衆文化と歴史・政治は別な世界だ、と肩の力を抜いて思ってしまえばよかったのに、という気がする。第二にあげたことと矛盾するようだが、文化は文化としてアプローチされるべきだ。映画や歌は政治の道具ではない。ただ、全体としての思想状況を考えようとする時に、関連のもとに位置づけられれば、また面白いことが見えてくるのではないか、ということである。

では、時代別に韓国人の日本認識を区別していこう。

反日が「自明」だった時代――一九四五～一九六〇

日本の敗戦から四月革命にかけての時期は韓国人の日本認識についての研究も進んでおらず、朝鮮戦争という悲劇の体験を経たため資料的にも制約が大きい。この時代に生きた韓国人はほぼ日本の植民地支配を体験した人たちであるので、とりあえず「反日が『自明』だった時代」としてみた。

ところで、なぜ「自明」とカッコをつけたのか。四八年の大韓民国成立以降、六〇年に四月革命で下野するまで、李承晩《イスンマン》大統領が権力の座にあった。日本では五二年一月の李大統領による海洋主権宣言、いわゆる「李承晩ライン」の宣布とその後の日本漁船だ捕などから「李承晩＝反日」とイメージすることが多い。ところが、国内的にはちがった局面を読み取ることができる。

反共主義者である李承晩は韓国内の左派勢力と対決、厳しく弾圧した。国内大衆が貧しかった当時、左翼に対する同情は強かったのに対し、李承晩は国内的権力基盤が弱く、植民地時代の官僚層（とりわけ警察）や旧地主層を中心とする韓国民主党の協力で政権を成り立たせた。そのため、権力内部に植民地支配への協力者を多数抱え込むことになり、「親日派」に対する調査や処罰はなされないままに終わった。親日派に対する国家としての態度を明確に確定できなかったことは、今日に至るまで韓国社会の宿題になっている。

その後、李承晩は韓国民主党と訣別するが、いったん立場をかえると彼は韓国民主党を非難する道具として「親日」を利用したことを孫浩哲《ソンホチョル》『解放五〇年の韓国政治』（一九九五、セギル、ソウル）は指摘している。国民感情としてかつての支配者日本に対する自然な否定的感情が存在していることを前提として、五〇年代までの韓国政治は展開した。日本からの和解のアプローチもなかった。

政権が反日を抑制した時代――一九六一～一九八二

一九六一年に軍事クーデターをおこして権力を掌握した朴正熙《パクチョンヒ》らは、日韓の国交を正常化し日本の力を利用して発展をはかる方針を打ち出した。これは、輸出工業化を進めた経済力で北朝鮮を上回っていこうという路線として定着していく。政権にとっては日韓条約の締結、日韓関係の緊密化による資本の導入が至上課題となる。たとえ日韓国交正常化に伴う両国の合意内容が不充分であっても、それに反対する者は国家に反対する者だから弾圧されることとなった。反日は取締の対象だったのである。日韓条約反対闘争は韓国で六四年に高潮を迎え六月には戒厳令が発動されるに至った。

六〇年代から七〇年代にかけて韓国の知識人たちは、たとえ政治的には植民地化されなくても、日韓条約を契機として経済的に日本の勢力圏の中に組み込まれ従属的な地位においやられてしまうのではないか、という憂慮の声を上げていた。これが新植民地主義批判である。日韓条約反対闘争の中では植民地支配の否定、日本の謝罪ということが韓国側から国民的に要求されたが、これは六五年に締結された日韓基本条約では全く実現されなかった。

国交正常化後、七〇年代に入って馬山輸出自由地域に競って日本企業が進出、韓国の若年女子労働者に長時間・低賃金労働を強い、日中国交・日台断交に伴い、それまで台湾に行っていた買春ツアー客の日本人が韓国へと集中して、新植民地主義は現実のものとなるように感じられた。けれども、六〇年代から七〇年代にかけて、朴正熙政権が独裁を強化するにつれ、対日関係を批判するような意見を自由に発表することはますますむずかしくなっていく。

エコノミック・アニマル、あるいは「キーセン観光」(キーセン=妓生=とは本来、朝鮮の芸妓だが当時は買春観光の代名詞となっていた)という日本人のイメージが持たれるだけの現実があったのである。また、日本が国交正常化に際し謝罪や反省を表明しなかったことが、韓国人の日本に対する不信感を深めていた。マスコミも政府の対日姿勢に批判的だったが、より明確な日本批判は雑誌『思想界』(七〇年に廃刊)などでなされた。

だが、七〇年代は韓国民主化闘争が本格化するとともに、日本人の側に変化がおこる。「社会主義連帯」のスローガンから日本の社会党・共産党や労働組合、左派知識人らは六五年の日韓国交正常化以降も韓国にほとんど関心を持たなかった。軍事独裁の国ということで、おおかたの意識から抜け落ちていたのである。ところが、七三年の東京における金大中《キムデジュン》拉致事件、七四年の民青学連事件（日本人の早川嘉春・太刀川正樹が連坐）で日本の韓国に対する関心は高まった。

七五年に詩人の金芝河《キムジハ》が発表した「宣言一九七五・三・一——日本民衆への提案」（いわゆる三・一アピール）はとりわけ多くの反響を日本で呼びおこした。「あなたたち日本民族はそのような非道な方法をもってわが民族を非人間化することによって、実はわが民族のみではなくあなたたち日本民族自身をも同時に非人間化したのであります」と植民地支配の本質を喝破した金芝河は、日本人に対し人間化のための共闘を呼びかけている。それまで、韓国で発表された日本関連の声明はあったろうが、日本で実際に受けとめられることを想定しての韓国人からの呼びかけは初めてだったろう。

六〇年代から七〇年代の韓国のマスコミや知識人の日本批判は、日本の政治・経済批判が中心となっている。まだ日韓の人的交流はそれほど盛んではなく、九〇年代のように日本を日常的に観察した著作はない。日本文化の浸透を警戒するという論調はあるが、文化批評や比較文化といえるものはない。

この時期の見のがせない点は、自己省察的な日韓関係への認識が提起されたことだ。たとえば『対話』七七年八月号に掲載された李泳禧《イヨンヒ》「光復三二周年の反省」は、植民地時代の社会的な構造を清算できず日本の近代化を後追いしてきた韓国のあり方を見つめ直す必要があると論じている（和田春樹編『韓国民衆の道——精神・生活・歴史』一九八〇、三一書房）。李泳禧は七四年一一月号の『新東亜』に出た「韓日文化交流の先行条件」で李承晩を批判した。彼は大統領として朝鮮総督公邸に入った時、日本人が作ったといってそこにあった設備や道具をこわしたというが、独立した民族の最高指導者がなすべきことは、そんなふるまいなのだろうか、と疑問を投げかけたのである。当時の制約された言論の自由の枠内での論稿なので、もってまわった感じの言い回しもあるが、基本的にはこの主張はほかならぬ朴正熙政権の上からの一方的な近代化政策への批判になっている。

公然化した反日論と政府の克日——一九八二〜一九九二

ここまで述べた時代にあっては、とりわけ七〇年代以降、日本批判は公然としにくい社会状況であった。日本批判は政府批判と分かちがたく結びついていたからである。ところが八二年夏の教科書問題以降、状況は変化した。ここにはいくつかの要因が考えられよう。当時の全斗煥《チョンドゥファン》政権は八〇年に軍事クーデターと光州における民衆虐殺によって成立し、多くの国民から不信を持たれていたため、学生運動などは強く取り締まったものの、一般大衆の動きまではおさえ込めなかった。前年には八八年オリンピックソウル開催も決まり、言論の自由や人権問題についても考慮せざるをえなくなっていた。また、国内の批判勢力も次第に基盤を固めつつあった。

韓国では八二年の教科書問題はまずマスコミが取り上げ、これが思いがけず大衆化して、政府が日本政府に公式に是正を求める事態になった。六五年に日韓会談の日本側代表高杉晋一が問題発言をしたが、この時に韓国政府は日本政府とともにもみ消しに努めた（元駐日大使、外相の金東祚《キムドンジョ》『韓日の和解——日韓交渉一四年の記録』一九九三、サイマル出版会）のだから、いかに状況が変化したかわかるだろう。問題発言をした日本の閣僚が辞任するというのも、もっぱら八二年以降のことである。

教科書問題を通じ、それまでかえりみられなかった韓国の庶民の植民地支配の記憶が連日のようにマスコミに報じられるようになった。語り始めた時の人びとのエネルギーは、それまでおさえ込まれていた分だけ爆発的だった。日本批判についてのタガが外れてしまったが、政府は世論を管理しなければならないという危機感を抱き、八二年八月に独立記念館を建設することを国民に呼びかけて噴出したパワーの集約に努めた。保守紙『朝鮮日報』は八三年に「克日の道・日本を知ろう」という記事を一年にわたって連載、日本をのりこえ打ちかつ「克日」というスローガンの下、秩序維持に向け世論を導こうとした（連載の邦訳は朝鮮日報編『韓国人が見た日本』一九八四、サイマル出版会）。

本質的には教科書問題は韓国政府批判、上からの近代化路線批判になりうる質を持っていたが、政府は世論の統合をはかった。政府を批判する運動団体では当時の八三年一月の中曽根訪韓、八四年九月の全斗煥訪日について、米国のレーガン政権と合わせた韓米日の危険な同盟化だとして、特に中曽根政権の軍事大国化への警戒感が高まり、マスコミもある程度これに同調したが、政府を本格的に追及するところまでは行かなかった。

この時期は八七年の民主化闘争、八九年に始まる東欧・ソ連の崩壊、九〇年の韓ソ国交といった内外の政治の大きな変化があり、そこに八八年のソウルオリンピックがはさまっている。従来は外国へ行くことが簡単ではなかった韓国人も海外渡航が自由化され、民主化が対社会主義圏外交とも相まち（旧）社会主義国にも行くことが可能になった。こうした状況で、韓国の個人・団体が日本との出会い、交流を持つ機会がふえた点は重要なポイントである。個人の自由な観光はもちろん、教科書をめぐる研究者同士の討論、市民団体の協力などが活発化した。こうしたものはひとつひとつをとってみれば小さいかもしれないが、韓国のマスコミや知識人に日本での韓国理解のための努力を知らしめる機会を提供した。

この時代を象徴するといえるのが八九年から九〇年にかけて日本で展開された、韓国スミダ電機をはじめとする日系韓国企業の労組代表の対本社労働争議である。一方的な企業撤収に対し孤立無援の状態で日本にやってきた若い女性労働者たちに、日本の労働者が日本人の責任で支援に取り組みともに闘って争議を勝利に導いた。このことは、韓国の労働界はもちろんマスコミで高く評価された。大部分の韓国人にとっておそらく自分たちのイメージにない日本人をこうして「発見」したのであった。

民主化と冷戦の終了による変化の中で、もはや九〇年代初めには政府が公定ナショナリズムで国民をまとめていくことも困難になった。八七年以降、労働運動をはじめさまざまな分野の社会運動が韓国でも活発化し、女性運動の中から元「従軍慰安婦」の支援運動もおこった。仮定の話になるが、もしも八〇年代までに日本政府が植民地支配に対して明確な謝罪をし個別補償に応じていたのなら、九一年八月に金学順《キムハクスン》が名乗り出て「従軍慰安婦」問題が日韓の懸案になることはなかったと思われる。韓国人の日本認識が相互関係の中で作られることを示す典型的な例であろう。

とるに足らない日本――一九九三～一九九七

次の時期はちょうど金泳三《キムヨンサム》政権の時代である。九三年二月に就任した金泳三大統領は、韓国政治史上久々の軍人でない「文民政権」と呼ばれた。おりしも同年、日本の長かった自民党政権が連立野党政権にとってかわられ、細川護熙首相は同年のうちに韓国を訪問、植民地支配への謝罪の意を表明して日韓関係は順調に推移するかに見えた。

ところが、八七年以降の民主化、労働運動の高揚により実質的な所得を向上させ、人びとの生活はこれまでになく安定し韓国人は大いに自信感を持つようになり、ある意味で大国主義的な論調が登場した。これはひとことでいって、日本はとるに足らない存在なのだという考え方である。そうした論調の本として、九三年に田麗玉《チョンコオク》『日本はない』（邦題：悲しい日本人）、九四年に金永明《キムヨンミョン》『日本の貧困』（邦題：若き韓国人学者の見た大国日本）、柳在順《ユジェスン》『下品な日本人』（邦題同じ）が出た。また、南北朝鮮が協力して核兵器を開発し日本に対抗するという小説、金辰明《キムジンミョン》『ムクゲノ花ガ咲キマシタ』（抄訳邦題同じ）は九三年に出てベストセラーとなった。『日本はない』がベストセラーになったのをはじめ、こうした日本モノは九三〜四年の出版界の話題となり、ほかにも『日本はない』を批判した徐賢燮《ソヒョンソプ》『日本はある』（邦題：日本の底力）や政治を中心とした日本批判である金容雲《キムヨンウン》『醜い日本人』（邦題同じ）が九四年に出た。

これら日本モノの特徴は、日本に直接暮らしてみたけれど日本人や日本社会は大したことがなかったという印象記だという点である（徐賢燮と金容雲はちがう）。そこではもっぱら、日本人が人格的にとるに足らない、あるいは愚かな人たちであると描き出される。九〇年代半ばの韓国ジャーナリズムを騒がせたこのような日本に対する見方は、これまでになかったものである。六〇〜七〇年代の日本批判は激しい内容だったとしても、それは政治のレベルとして述べられていて、そこに日本人が出てくるとしてもその政治の一部分にすぎなかった。日本の電車の中で観察した若い女性はみんな軽薄そうに見えたといったたぐいの話は、韓国人の日本渡航がふえた九〇年代だからこそ受けたのだ。

たとえば、民主化運動の活動家である白基琓《ペクキワン》が七〇年代に『抗日民族論』で日本人のあり方を糾弾したとしても、ここに出てくるのは政治や大義としての日本人批判であって、人格や生身《なまみ》のものというよりは理念的な発言である。現実の白基琓が人間性豊かに日本人と接していたことは小野田美紗子『ワンダーランド・ソウル』(一九八一、評論社)が教えてくれる。もっぱら世代差によるのだろうが、同時に韓国人の自信感が九〇年代的見方を生んだのだろう。

私の経験でも次のようなことがある。韓国YMCAの農村指導者が日本に一週間程度滞在し日本の農村を見学するというプログラムがあり、私は八〇年代末から九〇年代半ばくらいにかけて通訳としてお供した。当初、韓国からの参加者は、有機農業の話が出ると、まだ韓国では時期尚早だといって、乗ってこなかった。二、三年すると、参加者が有機農業の現場を重点的に見たがるようになる。驚いていたら、そのあと来た人たちは、もう日本の有機農業には学ぶものがない、と語っていた。その変化の速度は極端といっていい。

面白いのは、「学ぶものがない」といった韓国人は、畑のわきに堆肥を積み時おり切り返すという設備のかからない方法をしている有機農家は「原始的で見るべきところがない」と評し、コンクリートで堆肥場を三段階くらいに分けて作った農家を「先進的だ」といっていた点だ。有機農業も韓国の人たちは効率で見ているように思えた。

あるいは、少し時期があとになるが、大韓赤十字社釜山支社が九五年から本格化した釜山での生ごみリサイクルは、九八年に一二万世帯を対象とするまでに大規模化した。もちろん、これだけの規模になると大型乾燥処理機など、さまざまな機械を利用する。日本だと小さなグループはたくさんあっても、これだけ大規模に組織化しようとはあまり考えない。日本でのこうした運動は、つつましく、できるところから、と考えることが多い。しかしながら、本当にリサイクル社会ということを考えれば、こうした大規模な方法もありうることは認めざるをえない（釜山での生ごみリサイクルについては『'98生ごみリサイクル交流会討議資料』同実行委発行、による）。

このように市民運動の局面でも、日韓の民族的な個性があらわれるようになっている。これに優劣をつけるのは正しいことではないと思うが、韓国の進取の精神はそれとして私たちが認識すべきだろう。

金泳三政権は九五年になって「世界化」というスローガンを打ち出した。単に国際化でなく「世界化」というところに、韓国の社会を世界水準にしようという意欲があふれている。韓国には多くの外国人労働者が到来し、韓国企業は世界に進出した（これについては拙稿「韓国の外国人労働者・その現状と政策」やこれを収めた仁科健一ほか編『異邦の韓国人・韓国の異邦人』一九九六、社会評論社）。実はここに、特異な日本論がいずれ衰退せざるをえない要因がすでに準備されていた。いくら日本はとるに足らないと思っても、韓国は結局世界の中で日本と同様の問題にぶつからざるをえない。日本が韓国をいろいろな外国のうちのひとつとして見るように、韓国もいろいろな国とのつき合いに知恵をしぼらざるをえなくなり、日本の位置も相対化される。ジャーナリズムの話題から、こうした日本モノが退くのは必然だったといえる。

かつて、九〇年代前半によく話したソウルのある書店の女性は「これまでエライ人たちが日本を見習えと国民に命令し、企業家は日本人のように勤勉に働けと労働者にいって、日本のことをやっつけるような本なんてなかったから、『日本はない』みたいな本を読むと面白いと思うんじゃないの」と私に説明してくれた。私もこれに納得する。

互恵平等の未来志向と多様な交流――一九九八〜

金泳三政権は執権途中から対日、対米関係を悪化させた。日本では九五年に国会における戦後五〇周年決議が問題となったため、やむをえない面があるが、対米関係までうまくいかなくなったというのは、大統領の政治姿勢の問題ともいえる。

九七年に韓国は金融危機に見舞われ、国民のあいだでさまざまな自己反省の機運が広がった。さらに同年末、金大中が大統領に当選し初めて野党への政権交代が行なわれた。金大中は九八年に大統領に就任、マスコミの憂慮の声をおさえて対日文化開放の意向を表明することで、一一月の訪日に際して「日韓共同宣言」の合意を導き出した。

すでに新政権の対日文化開放を見込んで九七年末からビジネス面での動きが盛んに準備され、九八年には日本文化に関する本がどっと登場する。以下列挙してみよう。

①チョ・ヨンホ『日本の新人類が韓国の新世代と確実にちがう五一項目』芸術時代、98・2
②キム・ドヨン『日本のテレビを裸にする』サンソンメディア、98・4
③金智竜《キムジヨン》『私は日本文化が面白い』ミョンジン出版、98・5（邦題：私は韓国人。でも日本文化がスキだ！）
④イ・ギュヒョン『JJがくる』ヘネム、98・8
⑤ソン・ソンウォン『日本の音楽が見える』アルム出版社、98・9
⑥キム・ウィチャン、キム・ボンソク『クリック！日本文化』ハンギョレ新聞社、98・10
⑦イ・ヨンほか『日本大衆文化をパクる』木と森、98・11
⑧キム・シク『これが日本映画だ』アソンメディア、98・12
⑨金炯錫《キムヒョンソク》『日本映画の手引』文知社、99・1
⑩イ・ギュヒョン『JJベスト1000』ヘネム、99・6

これらは映画や歌に内容を限定した本もあるが、雑多な内容のものが多い。また不正確なものも少なくない。だが、インターネットによる情報収集にたけた韓国人のことだから、充実していないものは当然のように淘汰されていった。それにしてもすごい数である。基本的にはビジネスチャンスを狙っての本作りといえる。

結局、情報だけならネットで手に入るのだから、本はそれなりにしっかりした中身のものをということで、本書の「新しい韓国の日本論」で紹介したような本が出るステップになったと位置づけられよう。

個別分野での日本認識の水準は確実に上がりつつある。もはやステレオタイプで日本を見ることはある範囲でいえばなくなるだろうといってもいい。そのことは、たとえばY2Kの松尾兄弟が好きなのは「別にどこの国の人だってかまわない、カワイイから」ということなのだ。まだまだ現実の接触では誤解や葛藤は発生しようが、それは日本（人）だからではなく、それぞれの事情からだと理解する流れが生まれつつある。菅野朋子への回答もここにある。

現在制作中の韓国映画「2009　ロスト・メモリーズ」は、二〇〇九年になってもまだ韓国は日本の植民地だったという想定でのアクション映画という。仲村トオルが共演することからもわかるように、これは香港アクションのテイストと思える。香港映画も荒唐無稽さにかけては相当なものだが、この作品もそれほど、歴史への厳密なこだわりから作られてはいないようだ。

日韓関係は政治の分野では二〇〇〇年から二〇〇一年にかけて、教科書問題とそれに続く小泉純一郎首相の靖国参拝問題で揺れた。日本政府首脳の考え方は小渕政権と比べて、はるかに後退したかに見える。今回の事態で、韓国のマスコミは扶桑社教科書について大きく報道し日本の右傾化に対する憂慮を表明したが、日本の良識に期待するとの姿勢を堅持した。問題はやはり日本側にある。

金大中政権はいわゆる対日太陽政策をとり、小渕政権まではこれが成功していた。最も幸福な時代といわれた日韓関係がこじれるのをあえて放置したのは森内閣であったが、韓国の次期政権に「対日太陽政策は失敗だった」と考えさせるような結果になることを、心ある日本人は望んでいない。今、金大中政権の政策がいかに勇断であったか、思いおこすべき時である。

二〇〇一年の教科書問題を契機に韓国内では自国の国史教科書のあり方をめぐる議論も活発化して

いる。とりわけ近現代史はイデオロギー対立のために歴史叙述がゆがめられてきたため、よりバランスのとれた、時代的歴史性をふまえた歴史像形成の課題が提起された。徐仲錫《ソジュンソク》「国史教科書の現代史記述、問題が多い」(『歴史批評』第五六号、二〇〇一・八、ソウル)は直接日本認識については論じていないが、中学・高校の教科書の問題点を指摘している。そこでは不正確な記述、過剰な国家主義的思考などが問題にされ、たとえば中学の教科書の「八・一五光復」の節には一二行で一〇回も「民族」という言葉の登場する部分があり、その言葉の中身も文脈によってちがいがあるという。これまでも自己反省的な歴史像形成の努力はなされてきたが、人間的な立場からのとらえ直しは一層進むにちがいない。

むすび

韓国人の日本認識、日本人の韓国認識はいずれも、日韓間の葛藤、日本内の葛藤、韓国内の葛藤といったものがすべてインプットされ、政治状況から国際条件までさまざまな要因を背景として、力関係で決まる。決して静態的なものではないということが、以上の叙述を通じて確認していただけるだろうか。姜尚中《カンサンジュン》は政治が社会に追い着いていないと日本の状況を指摘した。また相互尊重、相互理解のあり方は国民同士では形成の途上にあるが、政治をになう人たちが独善的な考え方に固執し社会の一部が同調して波紋を広げていると表現できるだろうか。

これまで、日本の各界各層が日韓関係の構築のために積み上げてきた努力は、さらにその基盤を固め広げることを要求されている。日本人の韓国認識、韓国人の日本認識、それはともに作り合うものだと信じるからである。

【執筆者・翻訳者紹介】

石坂浩一（いしざか・こういち）

一九五八年生まれ。立教大学　横浜市立大学講師。

著書：『近代日本の社会主義と朝鮮』（社会評論社）、共著：『現代韓国を知るための55章』（明石書店）、『在日朝鮮人と「赤ひげ」群像』（リベルタ出版）、訳書：孔枝泳『サイの角のようにひとりで行け』（新幹社）、編著：『岩波小事典　現代韓国・朝鮮』（岩波書店、近刊）など。

阿部純加（あべ・すみか）

一九八一年生まれ。フェリス女学院大学国際交流学部国際交流学科三年在学中。

二〇〇一年度、ソウル・梨花女子大学校へ交換留学。

武村みやこ（たけむら・みやこ）

一九五五年生まれ。会社員。

共訳：『聞き書き　中国朝鮮族生活誌』（社会評論社）。

小田切督剛（おだぎり・まさたけ）

一九六八年生まれ。川崎市役所職員。

文純實（むん・すんしる）
一九六四年生まれ。中央大学・東海大学非常勤講師。朝鮮王朝後期の政治社会史専攻。

庵逧由香（あんざこ・ゆか）
一九六六年生まれ。高麗大学史学科博士課程在学中、歴史問題研究所研究員。
論著：「朝鮮における戦争動員政策の展開――『国民運動』の組織化を中心に――」（『国際関係学研究』津田塾大学）、共著：『韓日両国の相互認識』（ソウル、国史資料院）、監修・解説：『朝鮮労務（復刻版）』（緑陰書房）など。

太田修（おおた・おさむ）
一九六三年生まれ。中央大学・和光大学・早稲田大学非常勤講師。
論文：「李承晩政権の対日政策」（『朝鮮史研究会論文集』第三四集）、「大韓民国樹立と日本」（『朝鮮学報』第一七三輯）など。

きどのりこ（城戸典子）
一九四一年生まれ。児童文学家・研究家。国立音楽大学講師。
著書：『空とぶキリンと青いゆめ』（小学館）、『ハンネリおじさん』（日本基督教団出版局）、共編著：『世界の子どもの本から「核と戦争」がみえる』（梨の木舎）、など。

町田春子（まちだ・はるこ）

一九七五年生まれ。ソウル大学人文大学院考古美術史学科在学中。

佐川亜紀（さがわ・あき）

一九五四年生まれ。詩人。『詩と思想』編集委員。

詩集：『死者を再び孕む夢』（詩学社）、『魂のダイバー』（潮流出版社）、論集『韓国現代詩小論集』（土曜美術社出版販売）。

森　良（もり・りょう）

一九四九年生まれ。特定非営利活動法人エコ・コミュニケーションセンター（ＥＣＯＭ）代表。

編著書：『新版ファシリテーター入門』、『コミュニティ・エンパワーメント』（ＥＣＯＭ）、『市民のイニシャチブ』（つげ書房新社）。共編著：『「総合的な学習の時間」はコワくない』（ＥＣＯＭ）、『地球となかよしはじめの一歩』（フレーベル館）。

日韓「異文化交流」ウォッチング

2002年4月20日　初版第1刷発行

編　者——石坂浩一
装　幀——市村繁和（i-Media）
発行人——松田健二
発行所——株式会社社会評論社
東京都文京区本郷2-3-10　電話 03(3814)3861　FAX 03(3818)2808
http://www.shahyo.com/
印　刷——一ツ橋電植＋P＆Pサービス
製　本——東和製本

ISBN4-7845-0281-5　Printed in Japan